Dr. Džerok Li

Bog
Iscjelitelj

URIM BOOKS

[Bog] kaže:
„Ako dobro uzaslušaš glas GOSPODA Boga svog,
i učiniš što je pravo u očima Njegovim,
i ako prigneš uho k zapovjestima Njegovim i sačuvaš
sve uredbe Njegove, nijednu bolest koju sam pustio na
Misir neću pustiti na tebe;
jer sam Ja GOSPOD, ljekar tvoj."
(Izlazak 15:26)

Bog Iscjelitelj od Dr. Džeroka Lija
Izdaje Urim Books (Predstavnik: Johnny.H. Kim)
73, Yeouidaebang-ro 22-gil, Dongjak-gu, Seul, Koreja
www.urimbooks.com

Sva prava zadržana. Ova knjiga ili njeni pojedini dijelovi ne smiju biti reprodukovani u bilo kojoj formi, ili biti smješteni u bilo kom renta sistemu, ili biti transmitovana bilo kojim načinom, elektronski, mehanički, fotokopiranjem, snimanjem, ili slično, bez prethodnog pismenog ovlašćenja izdavača.

Ukoliko nije drukčije navedeno, svi Biblijski navodi uzeti su iz Svetog Pisma, NOVA AMERIČKA STANDARDNA BIBLIJA, ®, Autorska Prava© 1960, 1962, 1963, 1968, 1971, 1972, 1973, 1975, 1977, 1995 od strane Fondacije Lokman (The Lockman Foundation). Korišćeno uz dozvolu.

Autorska prava © 2014 od strane dr. Džeroka Lija
ISBN: 979-11-263-1156-9 03230
Prevodilačka Autorska Prava © 2014, dr. Ester K. Čung (Dr. Esther K. Chung). Korišćeno uz dozvolu.

Prethodno objavila na korejskom jeziku Urim knjige u 1992.g., Seul, Koreja

Prvo izdanje, maja 2014.g.

Uredila dr. Geumsun Vin
Dizajnirao urednički biro Urim Books
Za više informacija molimo kontaktirajte: urimbook@hotmail.com

Poruka o objavljivanju

Kako materijalna civilizacija nastavlja da napreduje i da raste, mi nailazimo danas da ljudi imaju više vremena i načina da štede. Šta više, u cilju da postignu mnogo zdraviji i mnogo ugodniji način života, ljudi ulažu vrijeme i bogatstvo i obraćaju blisku pažnju na različite korisne informacije.

Međutim, ljudski život, starenje, bolesti i smrt su pod vlašću Boga, one ne mogu da budu kontrolisane novcem ili znanjem. U nastavku, to je nepobitna činjenica da uprkos visoko softiciranom medicinskom naukom ljudskog znanja nagomilanog širom zemalja, broj pacijenata koji pate od neizlječivih i krajnjih bolesti je u stalnom porastu.

Kroz istoriju svijeta, postojali su brojni ljudi sa različitim vjerama i znanjem-uključujući Budu i Konfučija-ali svi od njih su bili veoma tihi kada su se suočili sa ovim pitanjem i niko od njih nije mogao da izbjegne starenje, bolest i smrt. Ovo pitanje je uz grijeh i pitanje ljudskog spašavanja, od kojih ni jedan nije rješiv od strane čovjeka.

Danas, postoje mnogo bolnica i apoteka, koje su lako dostupne i spremne da načine da naše društvo bude oslobođeno od bolesti i zdravo. Uprkos tome, naša tijela i svijet su zaraženi mnogim bolestima, od običnog gripa do bolesti neidentifikovanog porijekla i soja kojima ne postoji lijek. Ljudi lako okrivljuju klimu i okruženje i radije ga doživljavaju kao prirodni i fiziološki fenomen i oslanjaju se na medicinsku tehnologiju.

Da bi dobili osnovno iscjeljenje i vodili zdrav život, svako od nas mora da zna odakle je ta bolest nastala i kako možemo da primimo iscjeljenje. Za jevanđelje i za istinu postoje uvijek dvije strane: rezervisano za ljude koje ih ne prihvataju i proklinju kaznu, i za ljude koji ih prihvataju blagosiljajući život u čekanju. To je volja Božja za istinom da bude skrivena od onih koji su kao Fariseji i učitelji zakona, smatrali sebe mudrima i pametnima; to je takođe volja Božja za istinom da bude otkrivena onima koji su kao djeca, žele to i otvaraju svoja srca (Jevanđelje po Luki 10:21).

Bog je planski obećao blagoslove za one koji se povinuju Njegovim zapovjestima, dok je On takođe zapisao do detalja način i sve vrste bolesti koje će pogoditi one koji se ne povinuju Njegovim zapovjestima (Ponovljeni Zakon 28:1-68).

Podsjećanjem Riječi Božje nevjernicima i čak i nekim vjernicima koji ga predviđuju, ovo djelo ima za cilj da stavi takve pojedince da pravi put od oslobađanja bolesti i zaraza.

Ma koliko vi vidjeli, čuli, razumijeli i napravili hranu od Riječi Božje i sa silom od spasenja Božjeg i iscjeljenja, da svako od vas dobije iscjeljenje od bolesti i zaraze velike i male, i da zdravlje uvijek boravi u vama i vašoj porodici, u ime Gospoda ja se molim!

Džerok Li

Sadržaj

Poruka o objavljivanju

Poglavlje 1
Porijeklo bolesti i zrak iscjeljenja   1

Poglavlje 2
Da li želite da vam bude bolje?   15

Poglavlje 3
Bog iscjelitelj   37

Poglavlje 4

Njegovom kaznom mi smo iscjeljeni 53

Poglavlje 5

Snaga da se iscjeli slabost 73

Poglavlje 6

Načini da se iscjele demonom posjedovani 89

Poglavlje 7

Vjera i poslušnost leproznog Nemana 109

Poglavlje 1

Porijeklo bolesti i zrak iscjeljenja

Malahije 4:2

A vama, koji se bojite imena Mog, granuće Sunce pravde i zdravlje će biti na zracima Njegovim, i izlazićete i skakaćete kao teoci od jasala.

Osnovni uzrok bolesti

Za ljude koji žele da vode srećan i zdrav život za vrijeme njihovog vremena na ovoj zemlji, oni konzumiraju svu vrstu hrane za koju znaju da je pomoć u njihovom zdravlju i oni vode računa i traže tajne metode. Uprkos savjetima materijalne civilizacije i medicinske nauke, ipak, realnost je da boluju od neizlječivih i trajnih bolesti koje ne mogu da se spriječe.

Može li čovjek da se oslobodi od agonije bolesti za vrijeme njegovog vremena na ovoj zemlji?

Većina ljudi lako okrivljuju klimu i okruženje i radije ga doživljavaju kao prirodni i fiziološki fenomen i oslanjaju se na lijekove i medicinsku tehnologiju. Jednom kada se izvor svih vrsti bolesti i zaraze otkrije, međutim, svako može biti oslobođen od njih.

Biblija nam predstavlja osnovne načine sa kojima jedan može da živi život slobodan od bolesti, čak iako je jedan bolestan, načine na koje može biti iscjeljen:

[Bog] kaže: „Ako dobro uzaslušaš glas GOSPODA Boga

svog, i učiniš što je pravo u očima Njegovim, i ako prigneš uho k zapovjestima Njegovim i sačuvaš sve uredbe Njegove, nijednu bolest koju sam pustio na Misir neću pustiti na tebe; jer sam Ja GOSPOD, ljekar tvoj." (Izlazak 15:26)

Ovo je vjerna Riječ Božja, koja kontroliše ljudski život, smrt, kurs i blagoslove date nama kao osobama.

Šta, onda je bolest i zašto se mi od nje razboljevamo? U medicinskom izrazu, „bolest" se odnosi na sve vrste slabosti u različitim dijelovima nečijeg tijela – neobično ili nenormalno stanje zdravlja – i ono je izazvano ili se širi u većini slučajeva putem bakterija. Drugim riječima, bolest je nenormalno stanje tijela izazvano zarazom- uzrokujući otrov ili bakteriju.

U Izlazku 9:8-9 je opis procesa u kome je zarazna kuga trebala da stigne do Egipta:

Tada reče GOSPOD Mojsiju i Aronu: „Uzmite pepela iz peći pune pregršti, i Mojsije neka ga baci u nebo pred Faraonom. I postaće prah po svoj zemlji misirskoj, a od njega će postati kraste pune gnoja i na ljudima i na stoci po svoj zemlji misirskoj."

U Izlazku 11:4-7, mi čitamo o Božjem razlikovanju ljudi

Izraela od ljudi Egipta. Za Izraelce koji su služili Bogu, nije ni trebala da postoji kuga, dok za Egipćane koji niti da su služili Bogu niti su živjeli po Njegovoj volji, trebala je da bude padne kuga na novorođenčad.

Kroz Bibliju, mi učimo da čak i bolest je pod vlašću Boga, da On štiti one koji Njega poštuju zbog bolesti i da bolest će napasti one koji griješe zato što će On okrenuti Njegovo lice od takvih pojedinaca.

Zašto, onda zašto zarazne bolesti i patnja zbog zaraze? Da li to znači da je Bog Stvoritelj stvorio zaraze u vremenu stvaranja kako bi čovjek mogao da živi u strahu od zaraze? Bog Stvoritelj je stvorio čovjeka i kontroliše sve u univerzumu sa dobrotom, pravednošću i ljubavlju.

Nakon stvaranja najpogodnijeg mjesta za življenje za čovjeka (Postanak 1:3-25), Bog je stvorio čovjeka po svom liku, blagoslovio ga i dozvolio mu je da najveću slobodu i vlast.

Kako je vrijeme prolazilo, ljudi su slobodno uživali u Bogom danim blagoslovima jer su se povinovali Njegovim zapovjestima i živjeli su u Edenskom vrtu u kojem nije bilo suza, tuge, patnje i bolesti. Kako je Bog vidio da ono što je On stvorio je bilo veoma dobro (Postanak 1:31), On je dao jednu zapovjest: „Jedi slobodno sa svakog drveta u vrtu; Ali s drveta od znanja dobra i zla, s njega ne jedi; jer u koji dan okusiš s njega, umrećeš" (Postanak 2:16-17).

Ipak, kada je opaka zmija otrovnica vidjela da se ljudi ne pridržavaju Božjim zapovjestima u svojim mislima već je zapostavljaju, zmija otrovnica je uhvatila Evu, ženu prvog stvorenog čovjeka. Kada su Adam i Eva jeli voće da drveta spoznaje dobra i zla i zgriješili su (Postanak 3:1-6), kao što je Bog upozorio, smrt je ušla u čovjeka (Poslanica Rimljanima 6:23).

Nakon što je počinio grijeh u neposlušnosti i kako je čovjek primio platu za grijeh i suočio se sa smrću, duh u čovjeku – njegov gospodar – takođe je umro i komunikacija između čoveka i Boga prestajala je da postoji. Oni su bili isterani iz iz Rajskog Vrta i morali su da žive u suzama, žalosti, patnji, zarazama i smrti. Kako je na zemlji sve bilo prokleto, ona je samo proizvodila trnje i korov i samo sa njihovim znojem mogli su da jedu svoju hranu (Postanak 3:16-19).

Dakle, osnovni uzrok bolesti je originalni grijeh izazvan Adamovom neposlušnosti. Da Adam nije poslušao Boga, on ne bi bio izbačen iz Edenskog vrta već bi vodio zdrav život za sva vremena. Drugim riječima, zbog jednog čovjeka svaki čovjek postaje grešnik i živi u opasnosti i patnji u svim vrstama zaraza. Bez rješavanja prvog problema grijeha, niko neće moći da bude proglašen pravednim pred Bogom posmatrajući zakon (Poslanica Rimljanima 3:20).

Sunce pravde sa iscjeljenjem na Njegovim zracima

Malahija 4:2 nam govori da: „A vama, koji se bojite imena Mog, granuće Sunce pravde, i zdravlje će biti na zracima Njegovim, i izlazićete i skakaćete kao teoci od jasala." Ovdje „Sunce pravde" se odnosi na Mesiju.

Na putu uništenja ljudskog čovječanstva u patnjama zbog zaraze, Bog se sažalio nad nama od svih naših grijehova kroz Isusa Hrista, tako što je dozvolio da On bude razapet na krstu i da se Njegova krv prolije. Prema tome, svako ko je prihvatio

Isusa Hrista, dobio oproštaj od grijehova i dostigao spasenje, sada može da bude slobodan od bolesti i da živi zdravim životom. Sa kletvom nad svim stvarima, čovjek treba da živi u opasnosti od bolesti sve dok može da diše ali sa ljubavi i milošću Božjom, put ka slobodi od bolesti je sada otvoren.

Kada se Božja djeca opiru grijehu do tačke prolivanja njihove krvi (Poslanica Jevrejima 12:4) i žive po Njegovoj Riječi, On će ih zaštititi sa Njegovim očima koja su kao vatra koja gori i štitiće ih sa vatrenim zidom Svetog Duha tako da ni jedan otrov u vazduhu ne može prodrijeti do njihovih tijela. Čak iako se neko razboli, kada se on pokaje i okrene od njegovih puteva, Bog će spaliti bolest i izliječiće dijelove koji su pogođeni. Ovo je iscjeljenje sa „suncem pravde."

Moderna medicina se danas razvila u terapiji sa ultra ljubičastim zracima, koja se danas uveliko koristi u liječenju različitih bolesti. Ultra ljubičasti zraci su daleko efikasniji u dezinfekciji i izazivaju hemijske promjene u tijelu. Ova terapija može da uništi oko 99% bakterija u debelom crijevu, difterija, bakterija dizenterije i takođe je efikasna za tuberkolozu, rahitis, anemiju, reumu i kožne bolesti. Tretman koji je od pomoći i moćan kao terapija ultra ljubičastim zracima, međutim ne može da se primjenjuje u svim bolestima.

Samo „sunce pravde sa zracima iscjeljenja" zapisano u Svetom Pismu je moćni zrak koji može da izliječi sve bolesti. Zraci iz sunca pravde mogu da se koriste u izlječenju svih vrsta bolesti i zbog toga mogu da se primjenjuju na svim ljudima, način na koji Bog iscjeljuje je zaista jednostavan ali potpun i u suštini najbolji.

Ne dugo nakon otvaranja moje crkve, pacijent na ivici smrti i koji je patio od strahovitih bolova zbog paralize i raka je doveden kod mene na nosilima. On nije mogao da govori zato što je njegov jezik bio ukočen i nije mogao da pomjera njegovo tijelo zato što je cijelo njegovo tijelo bilo paralizovano. Pošto su doktori već odustali, pacijentova žena, koja je vjerovala u moć Božju, naredila je svom mužu da sve prepusti Njemu. Kada su shvatili da je jedini način da on održi njegov život upornost i da ugađa Bogu, pacijent je pokušao da služi čak i kada je ležao i njegova žena je takođe iskreno ugađala sa vjerom i ljubavi. Kako sam video vjeru u njima oboma, ja sam se takođe revnosno molio za čovjeka. Ubrzo nakon toga, čovjek koji je ranije proganjao svoju ženu zato što je vjerovala u Isusa došao je do pokajanja razorenog srca i Bog je poslao zrak iscjeljenja, izgoreo je čovjekovo tijelo sa vatrom Svetog Duha i pročistio njegovo tijelo. Aleluja! Kako je spržen glavni uzrok bolesti, čovjek je uskoro počeo da hoda i da trči i opet je postao dobro. Neophodno je reći kako su članovi Manmin crkve davali slavu Bogu i radovali se nad ovim zapanjujućim doživljajem Božjeg iscjeljenja.

Za vas koji poštujete Moje ime

Naš Bog je Svemogući Bog koji je stvorio sve u univerzumu Njegovom Riječju i stvorio je čovjeka od prašine. Pošto je ova vrsta Boga nama postao Otac, čak i kada se razbolimo, kada mi u potpunosti zavisimo od Njega, On će vidjeti i prepoznaće našu vjeru i vrlo rado će nas iscijeliti. Ne postoji ništa loše u tome da budemo izlječeni u bolnici, ali Bog uživa u Njegovoj djeci koja vjeruju u Njegovo sveznanje i svemoć, iskreno Njega dozivaju, dobijaju iscjeljenje i daju Njemu slavu.

U 2. Knjizi Kraljevima 20:1-11 je priča o Jezekiju, kralju Judeje koji se razboleo kada je Asirija napala njegovo kraljevstvo ali je dobio potpuno iscjeljenje poslije tri dana kada se molio Bogu i njego život je bio produžen za petnaest godina.

Kroz proroka Isaija, Bog je rekao Jezekiju da: „Naredi za kuću svoju, jer ćeš umrijeti i nećeš ostati živ" (2. Knjiga Kraljevima 20:1; Isaija 38:1). Drugim riječima, Jezekilju je bio dat osjećaj smrti u kome mu je rečeno da se pripremi za njegovu smrt i da obavi poslove za njegovo kraljevstvo i porodicu. Ipak, Jezekilj je odmah okrenuo svoje lice ka zidu i molio se GOSPODU (2. Knjiga Kraljevima 20:2). Kralj je shvatio da je bolest bila ishod zbog njegovog odnosa sa Bogom, ostavio je po strani sve i riješio da se moli.

Kako se Jezekilj molio Bogu revnosno i u suzama, On daje obećanja kralju: „Čuo sam molitvu tvoju, i vidio sam suze tvoje, evo dodaću ti veku petnaest godina. I izbaviću tebe i ovaj grad iz ruku cara asirskog, i braniću ovaj grad" (Isaija 38:5-6). Mi takođe možemo da vidimo koliko se iskreno i revnosno Jezekilj molio kada mu je Bog rekao: „Ja sam čuo tvoje molitve i vidio tvoje suze."

Bog koji je odgovorio Jezekiljevim zahtevima je potpuno

izliječio kralja kako bi mogao da ode za tri dana u Božji Hram. Šta više, Bog je produžio Jezekiljev život za petnaest godina i za vrijeme sjećanja Jezekiljevog života, On je grad Jerusalim čuvao bezbednim od opasnosti Asirijaca.

Jezekilj je bio vrlo dobro svjestan činjenice da važnost nečijeg života i smrti spadaju pod Božjom vlašću a molitve prema Bogu su bile za njega najvažnija stvar. Bog je bio oduševljen Jezekiljevim pokornim srcem i vjerom, obećao je kralju iscjeljenje i kada je Jezekilj vidio znak njegovog izlječenja, On je čak načinio da se i sjenka vrati nazad deset koraka kada je prilazio stepeništu Azaha (2. Knjiga Kraljevima 20:11). Naš Bog je Bog iscjeljenja i mnogo brižan Otac koji daje onima koji traže.

Suprotno tome, mi nalazimo u 2. Knjizi Dnevnika 16:12-13 da: „I razbole se Asa trideset devete godine carovanja svog od nogu. I bolest njegova bi vrlo teška ali ni u bolesti svojoj on ne traži GOSPODA nego ljekare. I tako počinu Asa kod otaca svojih, i umre četrdeset prve godine carovanja svog." Kada je na početku došao na prijesto: „I tvoraše Asa što je pravo pred GOSPODOM kao David otac mu" (1. Kraljevima 15:11). On je najprije bio mudar vladar ali je uveliko izgubio svoju vjeru u

Boga i počeo je da se više oslanja na čovjeka i nije mogao da dobije Božju pomoć.

Kada je Vasa, kralj Izraela, zauzeo Judu, Asa se oslonio na Ven-Adada, kralja Sirije, a ne na Boga. Zbog ovoga Asa se zamjerio vidovnjaku Ananije ali on se nije okrenuo od njegovih puteva već je umjesto toga zarobio vidovnjaka i pritiskivao je svoj sopstveni narod (2. Knjiga Dnevnika 16:7-10).

Prije nego što se Asa oslonio na kralja Sirije, Bog se umiješao sa vojskom Arama tako da on nije mogao da izvrši invaziju na Judu. Od vremena kada se Asa oslonio na kralja Sirije umjesto na Boga, kralj Jude nije više mogao da dobija pomoć od Njega. Šta više, On nije mogao da bude srećan sa Asom koji je tražio pomoć od ljekara radije nego od Boga. Zbog toga je Asa umro samo dvije godine nakon što je zadobio povredu nogu. Čak iako je Asa svjedočio o njegovoj vjeri u Boga, zato što nije pokazao nikakva djela u tome i pao je da opet doziva Boga, svemogući Bog nije mogao ništa da uradi za kralja.

Zrak iscjeljenja od Boga može da iscijeli svaku vrstu bolesti tako da paralizovani mogu da prohodaju, slijepi mogu da vide, gluvi da čuju i mrtvi da se vrate u život. Prema tome, zato što Bog Iscjelitelj ima bezgraničnu moć, ozbiljnost bolesti je nebitna. Od bolesti koja je najmanja kao što je prehlada do one koja je kritična kao rak, za Boga Iscjelitelja to je sve isto. Važnija činjenica je vrsta srca sa kojom mi dolazimo pred Boga bilo da je to kao kod Asa ili Jezekilja.

Da vi prihvatite Isusa Hrista, da dobijete odgovor na problem grijeha, da se smatrate pravednim u vjeri, da udovoljite Bogu pokornog srca koje je praćeno djelima sličnim kao kod Jezekilja, da dobijete iscjeljenje u bilo kojoj i svim bolestima i da uvijek vodite zdrav život, u ime Gospoda ja se molim!

Poglavlje 2

Da li želite da vam bude bolje?

Jevanđelje po Jovanu 5:5-6

A onde beše jedan čovjek koji trideset i osam godina beše bolestan. Kad vide Isus ovog gdje leži, i razumije da je već odavno bolestan, reče mu: ,,Hoćeš li da budeš zdrav?"

Da li želite da vam bude bolje?

Postoji mnogo različitih slučajeva ljudi koji ranije nisu poznavali Boga, tražili su i dolazili su pred Njim. Neki od njih su dolazili pred Njega kako su pratili svoju dobru savjest dok su drugi dolazili da upoznaju Njega nakon što su evangelizovani. Neki drugi su opet dolazili da nađu Boga nakon što su iskusili sumnju u život kroz neuspjehe u poslu ili porodične nesloge. Opet neki drugi dolaze pred Njim sa hitnim srcem zato što pate od strahovitog fizičkog bola ili straha od smrti.

Kao što je učinio invalid koji 36 godina patio od bolova kod bazena zvanog Vitezda, da bi u potpunosti predali svoju bolest Bogu i primili iscjeljenje tako i mi moramo u potpunosti da da poželimo ozdravljenje više od svega ostalog.

U Jerusalimu pored Ovčije kapije, postojao je bazen koji se na jevrejskom zvao „Vitezda." On je bio okružen sa pet stuba u kome su se slijepi, hromi i paralizovani okupljali i ležali tamo zato što legenda kaže da bi s vremena na vrijeme anđeo Božji dolazio dole i zamutio bi vodu. Takođe je vjerovano da prvi koji uđe u bazen nakon svakog miješanja vode u bazenu, čije je ime značilo: „Kuća milosti," bivao bi izliječen od bilo koje vrste bolesti.

Nakon što je vidio invalida od trideset i osam godina da leži u bazenu i već znajući koliko je čovjek patio, Isus ga je pitao: „Da li želiš da ti bude bolje?" Čovjek je odgovorio: „Da, Gospode; ali nemam čovjeka da me spusti u banju kad se zamuti voda; a dok ja dođem drugi siđe prije mene" (Jevanđelje po Jovanu 5:7). Kroz ovo, čovjek priznaje Gospodu da čak iako iskreno želi iscjeljenje, on ne može sam da dođe do njega. Naš Gospod je vidio srce čovjeka, i rekao mu je: „Ustani, uzmi odar svoj i hodi," i odmah je čovjek bio izliječen; on je uzeo svoju prostirku i hodao je (Jevanđelje po Jovanu 5:8).

Vi morate da prihvatite Isusa Hrista

Kada je čovjek koji je bio invalid trideset osam godina sreo Isusa Hrista, on je odmah dobio iscjeljenje. Kako je on počeo da vjeruje u Isusa Hrista, izvor iskrenog života, čovjeku su bili oprošteni svi njegovi grijehovi i on je izliječen od njegove bolesti.

Da li je neko od vas u bolovima zbog svoje bolesti? Ako vi patite od bolesti želite da dođete pred Bogom i primite iscjeljenje, vi najprije morate da prihvatite Isusa Hrista, da postanete dijete

Božje i da dobijete oproštaj kako bi mogli da pomerite bilo koju prepreku između vas i Boga. Vi morate onda da vjerujete da je Bog sveznajući i svemogući, On može da izvede bilo koje čudo. Vi takođe morate da vjerujete da ste vi otkupljeni od svih vaših bolesti zbog Isusove kazne i da ako tražite u ime Isusa Hrista vi ćete dobiti iscjeljenje.

Kada mi tražimo ovu vrstu vjere, Bog će čuti naše molitve vjere i manifestvovaće djela iscjeljenja. Bez obzira koliko su stare ili koliko su kritične vaše bolesti, budite sigurni da predate sve vaše probleme bolesti Bogu, sjećajući se da jednom možete opet postati potpuni u momentu kada vas Bog moći iscijeli.

Kada je paralizovan čovjek koji postoji u Jevanđelju po Marku 2:3-12 prvo čuo da je Isus došao u Kapernaum, čovjek je poželio da ode pred Njega. Nakon što je čuo vijesti da je Isus izliječio mnoge ljude od različitih bolesti, da je izbacivao zle duhove, liječio bolesne od lepre, paralizovan čovjek je mislio da ako je vjerovao on takođe može da dobije iscjeljenje. Kada je paralizovan čovjek shvatio da ne može da se približi Isusu zbog velike kolone koja se nakupila, on je uz pomoć svojih prijatelja prošao preko krova kuće u kojoj je Isus bio i podmetač na kome je on ležao je bio spušten ispred Isusa.

Možete li vi da zamislite koliko je paralizovanih ljudi željelo da dođe pred Isusa do mjere da su učinili ovo? Kako je Isus reagovao kada je paralizovan čovjek, koji nije mogao da ide od mjesta do mjesta i nije mogao da se kreće unaokolo zbog kolone, pokazao svoju vjeru i posvećenost uz pomoć prijatelja? Isus nije grdio paralizovanog čovjeka zbog njegovog lošeg ponašanja već je umjesto toga njemu rekao: „Sine, tvojim grijehovima je oprošteno," i dozvolio mu je da ustane i da odmah hoda.

U Poslovicama 8:17 Bog nam govori: „Ja ljubim one koji mene ljube, i koji me dobro traže nalaze me." Ako vi želite da budete oslobođeni bola zbog bolesti, vi najprije morate iskreno da želite iscjeljenje, da vjerujete u moć Božju koja može da riješi problem bolesti i da prihvatiti Isusa Hrista.

Vi morate da uništite zid grijeha

Bez obzira koliko vi vjerujete da možete da budete izliječeni uz moć Božju, On neće da čini ako tu postoji zid grijeha između vas i Boga.

Zbog toga u Isaiji 1:15-17, Bog nam govori: „Zato kad širite ruke svoje, zaklanjam oči svoje od vas; i kad množite molitve, ne slušam. Ruke su vaše pune krvi. Umijte se, očistite se, uklonite zloću djela svojih ispred očiju mojih, prestanite zlo činiti. Učite se dobro činiti, tražite pravdu, ispravljajte potlačenog, dajite pravicu sirotoj, branite udovicu," i onda u sljedećem stihu 18, On obećava: „Tada dođite, pa ćemo se suditi. Ako grijesi vaši budu kao skerlet, postaće bijeli kao snijeg; ako budu crveni kao crvac, postaće kao vuna."

Mi takođe nailazimo na sljedeće u Isaiji 59:1-3:

> Gle, nije okraćala ruka Gospodnja da ne može spasti, niti je otežalo uho Njegovo da ne može čuti. Nego bezakonja vaša rastaviše vas s Bogom vašim, i grijesi vaši zakloniše lice Njegovo od vas, da ne čuje. Jer su ruke vaše oskvrnjene krvlju i prsti vaši bezakonjem; usne vaše govore laž i jezik vaš izriče opačinu.

Ljudi koji ne znaju Boga i koji nisu prihvatili Isusa Hrista i živjeli su svoje živote po svom nahođenju ne shvataju da su oni griješnici. Kada ljudi prihvate Isusa Hrista kao svog Spasitelja i prime Svetog Duha kao dar, Sveti Duh će osuditi sijvet krivice u odnosu na grijeh i pravednost i osudu i oni će prepoznati i priznati da su griješnici (Jevanđelje po Jovanu 16:8-11).

Međutim, zato što su oni slučajevi u kojima ljudi ne znaju do detalja šta je zapravo grijeh, stoga nisu u stanju da odbace grijeh i zlo u njima i dobiju odgovore od Boga, oni moraju najprije da znaju šta je grijeh u Njegovim očima. Zbog toga što sve bolesti i zaraze dolaze od grijeha, samo onda kada pogledate unazad na sebe i uništite zid grijeha vi možete da osjetite gotova djela izliječenja.

Hajde da se udubimo u to šta nam Sveto Pismo govori da je grijeh i kako možemo da uništimo zid grijeha.

1. Vi morate da se pokajete što niste vjerovali u Boga i niste prihvatili Isusa Hrista.

Biblija nam govori da naša nevjerica u Boga i ne prihvatanje Isusa Hrista kao našeg Spasitelja predstavlja grijeh (Jevanđelje po Jovanu 16:9). Mnogi vjernici kažu da su vodili dobar život ali ovi ljudi ne poznaju sebe ispravno zato što ne znaju Riječ istine – svetlo Boga – i ne mogu da razlikuju dobro od pogrešnog.

Čak iako je neko ubeđen da je vodio dobar život, kada se njegov život ugleda protiv istine, što je Riječ svemogućeg Boga koji je stvorio sve u univerzumu i kontroliše život, smrt, kletvu i blagoslove, naići ćemo na mnoge nepravedne i neistine. Zbog toga nam Biblija govori da: „Ni jednog nema pravednog"

(Poslanica Rimljanima 3:10), i da: „Jer se djelima zakona ni jedno tijelo neće opravdati pred Njim; jer kroz zakon dolazi poznanje grijeha" (Poslanica Rimljanima 3:20).

Kada vi prihvatite Isusa Hrista i postanete dijete Boga nakon što ste se pokajali što niste vjerovali u Boga i niste prihvatili Isusa Hrista, svemogući Bog će postati vaš Otac i vi ćete ipak dobiti odgovore na bilo koju bolest da imate.

2. Vi morate da se pokajete zato što niste voljeli svoju braću.

Biblija nam govori da: „Ljubazni, kad je ovako Bog pokazao ljubav k nama, i mi smo dužni ljubiti jedan drugog" (1. Jovanova Poslanica 4:11). Ona nas takođe podsjeća da mi čak treba da volimo i naše neprijatelje (Jevanđelje po Mateju 5:44). Ako smo mi mrzeli našu braću, mi se nismo povinovali Riječi Božjoj i na taj način smo griješili.

Zato što je Isus pokazao Njegovu ljubav prema čovječanstvu koje je boravilo u grijehu i zlobi time što je razapet, ispravno je samo za nas da volimo naše roditelje, djecu, braću i sestre. Nije ispravno iz pogleda Božjeg da mrzimo i da ne možemo da oprostimo zbog beznačajnih a opet bolesnih osjećanja ili međusobnog nerazumijevanja.

U Jevanđelju Po Mateju 18:23-35, Isus nam daje sljedeće upoređenje:

Zato je carstvo nebesko kao čovjek car koji namisli da se proračuna sa svojim slugama. I kad se poče računati, dovedoše mu jednog dužnika od deset hiljada talanata. I budući da nemaše čim platiti, zapovedi gospodar njegov da ga prodadu, i ženu njegovu i djecu, i sve što ima; i da mu se plati. No sluga taj pade i klanjaše mu se govoreći: „Gospodaru! Pričekaj me, i sve ću ti platiti." A gospodaru se sažali za tim slugom, pusti ga i dug oprosti mu. A kad iziđe sluga taj, nađe jednog od svojih drugara koji mu je dužan sto groša, i uhvativši ga davljaše ga govoreći: „Daj mi šta si dužan." Pade drugar njegov pred noge njegove i moljaše ga govoreći: „Pričekaj me, i sve ću ti platiti." A on ne hte, nego ga odvede i baci u tamnicu dok ne plati duga. Videvši pak drugari njegovi taj događaj žao im bi vrlo, i otišavši kazaše gospodaru svom sav događaj. Tada ga dozva gospodar njegov, i reče mu: „Zli slugo! Sav dug ovaj oprostih tebi, jer si me molio. Nije li trebalo da se i ti smiluješ na svog drugara, kao i ja na te što se smilovah?" I razgnjevi se gospodar njegov, i predade ga mučiteljima dok ne plati sav dug svoj. Tako će i Otac moj nebeski učiniti vama, ako ne oprostite svaki bratu svom od srca svojih.

Čak iako smo dobili Očev oproštaj i milost, jesmo li nesposobni ili nevoljni da zagrlimo našu braću, ili umjesto toga činimo da se razvija rivalstvo, pravimo neprijateljstvo i provociramo jedni druge?

Bog nam govori da: „Svaki koji mrzi na brata svog krvnik je ljudski; i znate da nijedan krvnik ljudski nema u sebi vječni život" (1. Jovanova Poslanica 3:15), „Tako će i Otac moj nebeski učiniti vama, ako ne oprostite svaki bratu svom od srca svojih" (Jevanđelje po Mateju 18:35), i naređuje nam da se: „Ne uzdišite jedan na drugog, braćo, da ne budete osuđeni: gle, sudija stoji pred vratima" (Jakovljeva Poslanica 5:9).

Mi moramo da shvatimo da ako nismo voljeli i umjesto toga smo mrzeli našu braću, onda mi, takođe smo zgriješili i mi nećemo biti ispunjeni Svetim Duhom već ćemo postati pogođeni. Prema tome, čak iako vas vaša braća mrze i razočaraju, mi treba da težimo ka tome da ih ne mrzimo zauzvrat i umjesto toga da čuvamo naša srca u istini, razumijevanju i da im oprostimo. Naša srca moraju da budu sposobna da ponude molitve ljubavi za takvu braću i sestre. Kada mi razumijemo, oprostimo i volimo jedni druge uz pomoć Svetog Duha, Bog će takođe da nam pokaže Njegovo saosjećanje i milost i manifestvovaće djela izliječenja.

3. Vi morate da se pokajete ako ste se molili sa pohlepom.

Kada je Isus izliječio dečaka koga je posjedovao demon, Njegovi učenici su ga pitali:„Zašto ga mi ne mogasmo izgnati?" (Jevanđelje po Marku 9:28) Isus je odgovorio: „Ovaj se rod ničim ne može istjerati do molitvom i postom" (Jevanđelje po Marku 9:29).

Kako bi dobili iscjeljenje do određene mjere, molitva i preklinjanje moraju takođe biti ponuđene. Ipak, molitvama u sopstvenom interesu neće biti odgovoreno zato što Bog ne uživa u njima. Bog nam je zapovjedio: „Ako dakle jedete, ako li pijete, ako li šta drugo činite, sve na slavu Božju činite" (1. Korinćanima Poslanica 10:31). Prema tome, svrha naših studija i dostizanje slave ili moći mora sva da bude za slavu Boga. Mi nailazimo u Poslanici Jakovljevoj 4:2-3: „Želite i nemate; onda ubijate.

Zavidite i ne možete da dobijete, onda se borite se i vojujete. I nemate, jer ne ištete. Ištete, i ne primate, jer zlo ištete, da u slastima svojim trošite."

Tražiti iscjeljenje kako bi mogli da održavate zdrav život je zbog slave Boga; vi ćete dobiti odgovor kada ga tražite. Ipak, ako vi ne dobijete iscjeljenje čak i kada ga tražite, to je zato što ste tražili nešto što nije prikladno u istini iako Bog želi da vam da još mnogo puta još više stvari.

Sa kojom vrstom molitve će Bog biti zadovoljan? Kao što je Isus u Jevanđelju po Mateju 6:33 rekao: „Nego ištite najprije carstvo Božje, i pravdu Njegovu, i ovo će vam se sve dodati" umjesto da brinemo o hrani, odjeći izgledu mi najprije moramo da ugodimo Bogu nudeći mu molitve za Njegovo kraljevstvo i pravednost i za evangelizaciju i posvećenost. Samo tada će Bog odgovoriti našim željama srca i daće potpuno iscjeljenje od vaših bolesti.

4. Vi morate da se pokajete ako ste se u sumnji molili.

Bog je zadovoljan molitvom koja pokazuje našu vjeru.

Ovo smo pronašli u Poslanici Jevrejima 11:6: „A bez vjere nije moguće ugoditi Bogu; jer onaj koji hoće da dođe k Bogu, valja da vjeruje da ima Bog i da plaća onima koji Ga traže." Na isti način Jakovljeva Poslanica 1:6-7 nas podsjeća: „Ali neka ište s vjerom, ne sumnjajući ništa; jer koji se sumnja on je kao morski valovi, koje vjetrovi podižu i razmeću. Jer takav čovjek neka ne misli da će primiti šta od Boga."

Molitve ponuđene u sumnji uzrokuju nevjerovanje nečije u svemogućeg Boga, sramoćenje Njegove moći i pretvaranje Njega u nemerodavnog Boga. Vi morate odmah da se pokajete, da se ugledate na praočeve vjere i da se molite revnosno i učestalo da bi posjedovali vjeru sa kojom možete da vjerujete u srcu.

Mnogo puta u Bibliji, mi nailazimo da je Isus volio one koji su imali veliku vjeru, da je odabrao njih kao Njegove sledbenike i da je izneo svoje službovanje kroz i sa njima. Kada su ljudi bili nesposobni da pokažu svoju vjeru, Isus ih je prekoravao čak i Njegove učenike zbog svoje male vjere (Jevanđelje po mateju 8:23-27), ali je pohvalio i volio one sa velikom vjerom, čak iako su bili nejevreji (Jevanđelje po Mateju 8:10).

Kako se vi molite i koju vrstu vjere vi imate?

Kapetan u Jevanđelju po Mateju 8:5-13 došao je do Isusa i tražio je od Njega da izliječi jednog od njegovih slugu koji je ležao kod kuće paralizovan i u velikim patnjama. Kada je Isus rekao kapetanu: „Ja ću doći i iscjeliću ga," a kapetan je odgovorio: „Gospode! Nisam dostojan da pod krov moj uđeš; nego samo reci riječ, i ozdraviće sluga moj," (stih 7-8) i pokazao je Isusu njegovu veliku vjeru. Nakon što je čuo kapetanovu primedbu, Isus je bio ushićen i njega je pohvalio. „Ni u Izrailju tolike vjere ne nađoh" (stih 10). Kapetanov sluga je bio iscjeljen u baš tom času.

U Jevanđelju po Marku 5:21-43 je zapisan momenat nevjerovatnog djela iscjeljenja. Kada je Isus bio pored mora, jedan od vođa sinagoge imenovan Jair došao je do Njega i pao je pod Njegovim nogama. Jair je preklinjao Isusa. „Kći je moja na samrti; da dođeš i da metneš na nju ruke da ozdravi i živi" (stih 23).

Kako je Isus išao sa Jairom, žena koja je krvarila dvanaest godina došla je pred Njim. Ona je mnogo patila i pod brigom mnogih ljekara i potrošila je sve što je imala, ipak umjesto da joj bude bolje njoj je bilo gore.

Žena je čula da je Isus u blizini i u sredini kolone koja je pratila Isusa, ona je izašla ispred Njega i dotaknula Njegov plašt. Zbog toga je žena povjerovala: „Ako se samo dotaknem haljina Njegovih ozdraviću," (stih 28) kada je žena položila njene ruke na Isusov plašt, odmah je tok njene krvi presušio; i ona je osjetila u njenom tijelu da je bila u momentu iscjeljena. U tom momentu Isus, zapazivši na Sebi da se sila širi iz Njega i ide dalje, okrenuo se u koloni rekao je: „Ko je dodirnuo moje ruho?" (stih 30) Kada je žena priznala istinu, Isus je rekao ženi: „Kćeri! Vjera tvoja pomože ti; idi s mirom, i budi zdrava od bolesti svoje" (stih 34). On je dao ženi blagoslov kao i blagoslov iscjeljenja.

U to vrijeme, ljudi iz kuće Jarija su došli i rekli: „Tvoja kćer je mrtva" (stih 35). Isus je uvjeravao Jarija i rekao mu: „Nemoj se plašiti, samo vjeruj," (stih 36) i nastavio je ka Jarijevoj kući. Tamo, Isus je rekao ljudima: „Dijete nije mrtvo, već samo spava," (stih 39) i rekao je djevojčici: „Talitha koum!" (što znači: „Mala djevojčice, Ja ti govorim, ustani!") (stih 41). Djevojčica je odmah ustala i počela da hoda.

Vjerujte u ono što tražite, čak i ozbiljne bolesti mogu biti iscjeljene i mrtvi mogu da ožive. Ako ste se vi molili u sumnji do ove mjere, primite iscjeljenje i budite jaki u pokajanju od tog grijeha.

5. Vi morate da se pokajete zato što se niste povinovali u Božjim zapovjestima.

U Jevanđelju po Jovanu 14:21 Isus nam govori: „Ko ima zapovjesti Moje i drži ih, on je onaj što ima ljubav k Meni; a koji ima ljubav k Meni imaće k njemu ljubav Otac moj; i ja ću imati ljubav k njemu, i javiću mu se Sam." U 1. Poslanici Jovanovoj 3:21-22 smo takođe podsjećani: „Ljubazni, ako nam srce naše ne zazire, slobodu imamo pred Bogom; i šta god zaištemo, primićemo od Njega, jer zapovjesti Njegove držimo i činimo šta je Njemu ugodno." Grešnik ne može biti siguran pred Bogom. Ipak, ako su naša srca čestita i bez mana i mjerena protiv Riječi istine, mi smjelo možemo da tražimo nešto od Boga.

Prema tome, kao vjernik u Bogu, vi morate da naučite i da shvatite Deset Božjih Zapovijesti, koje služe kao pregled šezdeset i šest knjiga Biblije i da otkrijete koliko je od vašeg života bilo u povinovanju prema njima.

I. Jesam li ja ikada imao drugih bogova osim Boga?

II. Jesam li ikada pravio idole od moje imovine, djece, zdravlja, posla i slično tome i služio im?

III. Jesam li ikada uzimao uzaludno ime Božje?

IV. Jesam li uvijek održavao Sabat svetim?

V. Jesam li uvijek poštovao moje roditelje?

VI. Jesam li ikada počinio fizičko ubistvo ili duhovno ubistvo mrzeći moju braću i sestre ili im uzrokovati da zgriješe?

VII. Jesam li ikad počinio preljubu, čak i u mom srcu?

VIII. Jesam li ikada ukrao?

IX. Jesam li ikada gajio lažno svjedočenje protiv mojih komšija?

X. Jesam li ikada žudio za imovinom moga komšije?

U nastavku, vi takođe morate da pogledate unazad i da vidite dali ste održavali Božju zapovijest voljeći svoje komšije kao što volite sebe. Kada se povinujete Božjim zapovjestima i Njega pitate, Božja moć će iscijeliti svaku bolest i zarazu.

6. Vi morate da se pokajete zato što niste voljeli svoju braću.

Kako Bog kontroliše sve u univerzumu, On je ustanovio dio zakona za duhovno kraljevstvo i kao pravedan sudija On vodi i upravlja u skladu sa time nad svim stvarima.

U Danilu 6, kralj Darije je stavljen u tešku poziciju u kojoj je on mogao da spasi njegovog voljenog slugu Danila od lavljeg kaveza, čak iako je bio kralj. Pošto je stavio dekret u svom pisanju, Darije nije mogao da ne poštuje zakon koji je sam učvrstio. Da je kralj bio prvi koji će prekršiti pravilo i ne pokoriti se zakonu, ko bi ga slušao i služio mu? Zbog toga, iako je njegov voljeni sluga Danilo trebao da bude bačen u lavlju jazbinu po planu drugih ljudi, nije postojalo ništa što bi Darije mogao da uradi.

Na isti način, kako se Bog ne savija pred zakonom i ne sluša zakon koji je On sam postavio, sve u univerzumu je vođeno preciznim redom pod Njegovom vlašću. Zbog toga: „Ne varajte se: Bog se ne da ružiti; jer šta čovjek posije ono će i požnjeti"

(Poslanica Galaćanima 6:7).

Koliko god da ste posijali u molitvama, vi ćete dobiti odgovore i duhovni rast i vaša unutrašnjost će biti ojačana i vaša duhovnost obnovljena. Ako ste bili bolesni ili ste imali slabost ali sada ste posadili vaše vrijeme u ljubavi prema Bogu revnosnim učestvovanjem u svim službama bogosluženja, vi ćete nepogrešno dobiti blagoslove zdravlja i ćete osjetiti da se vaše tijelo mijenja. Ako ste posadili bogatstvo u Bogu, On će vas zaštiti i braniti od iskušenja i takođe će vam dati blagoslove većeg bogatstva.

Razumijevanjem koliko je važno sijati u Bogu, kada odbacite sve nade za ovaj svijet koje će da propadnu i izumru i umjesto toga počnete da skladištite nagrade na nebesima u iskrenoj vjeri, svemogući Bog će vas povesti do zdravog života svakog momenta.

Sa Riječju Božjom, mi smo do sada razaznali šta je postao zid između Boga i čovjeka i zašto smo živjeli u mučnim bolestima. Ako niste do sada vjerovali u Boga i patili ste zbog bolesti, prihvatite Isusa kao vašeg Spasitelja i počnite da živite u Hristu. Ne plašite se onih koji mogu da ubiju meso. Umjesto toga, plašeći se Onoga ko može da osudi meso i duh na pakao, sačuvajte vašu vjeru u Bogu spasenja od osuda vaših roditelja, rođaka, supružnika, tazbine i ostalih. Kada Bog prepozna vašu vjeru, On će činiti i vi ćete moći da dobijete milost u iscjeljenju.

Ako ste vi vjernik ali patite zbog bolesti, pogledajte unazad na sebe da vidite da li postoje ostaci zla, kao što su mržnja, ljutnja, nepravednost, pokvarenost, pohlepa, zlobni razlozi, ubistvo, svađa, ogovaranje, ponos i slično tome. Molitvama Bogu i dobijanjem njegove milosti u Njegovom saosjećanju i milosti, dobićete takođe i odgovore na probleme u vašim bolestima.

Mnogi ljudi pokušavaju da pregovaraju sa Bogom. Oni govore da ako Bog najprije iscjeli njihove bolesti i zaraze, da će vjerovati u Isusa Hrista i takođe će Njega pratiti. Ipak, pošto Bog poznaje centar srca svakog pojedinca, samo nakon duhovnog pročišćenja ljudi On će iscjeliti svakog od njih od njihovih fizičkih bolesti.

Razumijući da se razmišljanja čovjeka i razmišljanja Boga razlikuju, da se vi prvi povinujete volji Božjoj kako bi vaš duh mogao da nastavi da ide kako vi dobijate blagoslove iscjeljenja od vaših bolesti, u ime Gospoda ja se molim!

Poglavlje 3

Bog iscjelitelj

Izlazak 15:26

Ako dobro uzaslušaš glas GOSPODA Boga svog, i učiniš što je pravo u očima Njegovim, i ako prigneš uho k zapovjestima Njegovim i sačuvaš sve uredbe Njegove, nijednu bolest koju sam pustio na Misir neću pustiti na tebe; jer sam Ja GOSPOD, ljekar tvoj.

Zašto se čovjek razboljeva?

Čak iako Bog iscjelitelj želi da sva Njegova djeca žive zdravim životom, mnogi od njih pate od bolnih bolesti, u nemogućnosti da riješe problem bolesti. Baš kao što postoji uzrok za svaki razlog, postoji i razlog takođe i za svaku bolest. Zato što svaka bolest može biti brzo izliječena, svi oni koji žele da dobiju iscjeljenje prvo moraju da izliječe uzrok njihove bolesti. Sa Riječi Božjom iz Izlazka 15:26, mi ćemo ući u uzrok bolesti i na načine sa kojima mi možemo da se oslobodimo i da živimo zdravim životom.

„GOSPOD" je ime određeno za Boga, i ono važi za da: „JA SAM ONAJ ŠTO JESTE" (Izlazak 3:14). Ime takođe podlaže time da su sva druga bića predmet vlasti najcijenjenijeg Boga. Iz načina na koji se Bog odnosi prema Sebi kao „GOSPOD, tvoj ljekar" (Izlazak 15:26), mi učimo o ljubavi Božjoj koja nas oslobađa od agoniju bolesti i o moći Božjoj koja iscjeljuje bolesti.

U Izlazku 15:26 Bog nam obećava: „Ako dobro uzaslušaš glas GOSPODA Boga svog, i učiniš što je pravo u očima Njegovim, i ako prigneš uho k zapovjestima Njegovim i sačuvaš sve uredbe Njegove, nijednu bolest koju sam pustio na Misir neću pustiti na tebe; jer sam Ja GOSPOD, ljekar tvoj." Prema tome, ako mi postanemo bolesni, to služi kao primjer da vi niste pažljivo slušali Njegov glas, da niste učinili ono što je ispravno iz Njegovog pogleda i da niste obratili pažnju na Njegove Zapovjesti.

Zato što su Božja djeca građani neba, oni moraju da se povinuju zakonu neba. Međutim, ako se nebeski građani ne povinuju njegovim zakonima, Bog ne može da ih zaštiti zato što je grijeh bezakonje (1. Jovanova Poslanica 3:4). Onda, nastupiće snaga bolesti ostavivši neposlušnu djecu Božju u mučnim bolestima.

Hajde da detaljnije razmotrimo načine na koje možemo da se razbolimo, uzrok bolesti i kako moć Boga iscjelitelja može da izliječi one koji pate od bolesti.

Momenat u kome je jedan bolestan kao ishod njegovog grijeha

Kroz Bibliju, Bog nam govori mnogo puta i opet da uzrok bolesti jeste grijeh. U Jevanđelje po Jovanu 5:14, čitamo: „Nakon što je Isus izliječio jednog čovjeka koji je bio invalid trideset osam godina, On mu je rekao: „Eto si zdrav, više ne griješi, da ti ne bude gore."" Ovaj stih nas podsjeća da ako je čovjek spreman da zgriješi, on može pasti u još veće bolesti od onih koje je imao ranije i da takođe sa grijehom ljudi se razboljevaju.

U Ponovljenom Zakoniku 7:12-15 Bog nam obećava: „I ako ove zakone uzaslušate i uzdržite i ustvorite i GOSPOD će Bog držati tebi zavjet i milost, za koju se zakleo ocima tvojim. I milovaće te i blagosloviće te i umnožiće te; blagosloviće plod utrobe tvoje i plod zemlje tvoje, žito tvoje i vino tvoje i ulje tvoje, plod goveda tvojih i stada ovaca tvojih u zemlji za koju se zakleo ocima tvojim da će ti je dati. Bićeš blagosloven mimo sve narode: neće biti u tebi ni muškog ni ženskog neplodnog, ni među stokom tvojom. I ukloniće od tebe GOSPOD svaku bolest, od ljutih zala misirskih koja znaš neće nijedno pustiti na tebe, nego će pustiti na one koji mrze na te." U onima koji mrze je zlo i grijeh i bolest će biti dovedena nad takvim pojedincima.

U Ponovljenom Zakonu 28, obično poznatom kao „Poglavlje blagoslova," Bog nam govori da ćemo sve vrste blagoslova dobiti ako se u potpunosti povinujemo našem Bogu i pažljivo pratimo Njegove zapovijesti. On nam takođe govori o vrsti kletve koja će pasti na nas i preuzeti nas ako mi pažljivo ne pratimo Njegove zapovijesti i naredbe.

Naročito su spomenuti do detalja vrste bolesti sa kojima

ćemo se izložiti ako se ne pokorimo Bogu. To su kuga; suva bolest; temperatura; groznica; žega i mač; suša i medilјka; „klјučali Egipat...tumori; gnojne rane i svrab od kojih nećeš biti izliječen;" slepost; konfuzne misli iz kojih te niko neće spasti; nevolje u kolenima i nogama sa bolnom vrelinom koja ne može biti izliječena, koja se širi od tabana pa sve do vrha glave (Ponovljeni Zakon 28:21:35).

Ali da bi jasno razumijeli da je uzrok bolesti grijeh, ako ste se vi razboljeli vi najprije morate da se pokajete jer niste živjeli po Riječi Božjoj i da dobijete oproštaj. Jednom kada primite iscjeljenje i živeli u skladu sa Riječi Božjom, vi nikada više ne smijete zgriješiti.

Momenat u kome jedan postaje bolestan iako on misli da nije zgriješio

Neki ljudi kažu da čak iako misle da nisu zgriješili, da su se ipak razboljeli. Ipak, Riječ Božja nam govori da ako radimo ono što je ispravno iz pogleda Božjeg, ako obratimo pažnju na Njegove zapovjesti i održavamo sve Njegove naredbe, onda Bog nas neće pogoditi ni sa jednom bolesti. Ako se mi razbolimo, mi moramo primiti znanju da usput nismo učinili što je ispravno u očima Božjim i da se nismo držali Njegove naredbe.

Šta je onda grijeh koji uzrokuje bolest?
Ako je neko koristio svoje tijelo koje mu je Bog dao bez samokontrole ili nemoralnosti i nije se povinovao Njegovim zapovjestima, činio je greške ili je vodio neorganizovani život, on sebe stavlja u veliki rizik da će postati bolestan. U ovu vrstu kategorija bolesti takođe spada i stomačni poremećaj od preobilne i neredovne ishrane, bolest jetre i učestalog pijenja i pušenja i mnoge druge vrste bolesti zbog opterećenja nečijeg tijela.

Ovo možda neće biti grijeh sa tačke gledišta čovjeka, ali iz pogleda Božjeg to je grijeh. Neograničenost u ishrani je grijeh zato što pojedinac pokazuje pohlepu u nemogućnosti da izrazi samokontrolu. Ako se neko razboli zbog neograničene ishrane njegov grijeh je što nije vodio osnovni rutinski život ili nije poštovao vrijeme za obrok i svoje tijelo je zloupotrebio bez samokontrole. Ako se neko razbolio zato što je konzumirao hranu koja nije dovoljno bila spremna, njegov grijeh je nestrpljivost – jer nije radio u skladu sa istinom.

Ako je neko koristio nož bez opreznosti i posjekao se i ako se zagnojila njegova rana, to je takođe rezultat njegovog grijeha. Da je iskreno volio Boga, On bi štitio osobu sve vrijeme od nesreća. Čak iako je načinio grešku, Bog bi našao put bez kraja zato što On radi za dobre ljude koji Njega vole a tijelo ne bi bilo posječeno. Rane i ozljede bi se dogodile zato što je on radio na brzinu a ne na prikladan način, što su obe nepravedne iz pogleda Božjeg i ipak činio svoja djela u grijehu.

Isto pravilo se primjenjuje u pijenju i pušenju. Ako je jedan svjestan da pušenje muti njegove misli, oštećuje bronhije i uzrokuje rak a ipak ne može da odustane i ako je jedan svjestan da toksin u alkoholu oštećuje njegova crijeva i unutrašnje organe i opet ne može da odustane, to su griješna djela. To pokazuje njegovu nesposobnost da kontroliše samog sebe i njegovu pohlepu, njegov manjak ljubavi prema njegovom tijelu i da nije pratio volju Boga. Kako ovo ne može biti griješno?

Čak iako mi nismo bili sigurni da su sve ove bolesti uzroci grijehova, mi sada možemo biti sigurni u to nakon što smo razmotrili mnogo raznih slučajeva i uporedili ih sa Riječi Božjom. Mi uvijek moramo da se povinujemo i živimo po Njegovoj Riječi kako bi bili oslobođeni od bolesti. Drugim riječima, kada uradimo nešto što je ispravno iz Njegovog pogleda, obratimo pažnju na Njegove zapovjesti i održavamo Njegove naredbe, On će nas zaštititi i štitiće nas od bolesti sve vrijeme.

Bolesti uzrokovane živčanim slomom ili mentalnim poremećajem

Statistike nam govore da broj ljudi oboljelih od živčanog sloma i mentalnog poremećaja se povećava. Ako su ljudi strpljivi kako nas Riječ Božja vodi i ako oni praštaju i razumiju u skladu sa istinom, oni bi lako mogli da budu oslobođeni od takvih bolesti. Ipak, postoji još zloba u njihovim srcima i zlo im zabranjuje da žive po Riječi. Duševni bol pogađa ostale dijelove tijela i imuni sistem i na kraju dovodi do bolesti. Kada mi živimo po Riječi, naša osjećanja neće biti uzrujana, mi nećemo postati tvrdoglavi i naše misli neće biti pogođene.

Postoje oni u našoj okolini koji ne izgledaju zlobno već dobro, a opet pate od ove vrste bolesti. Zato što se oni uzdržavaju od čak i običnog izražavanja emocija, oni pate od mnogo više bolesti nego oni koji izražavaju svoju ljutnju i gnjev. Dobrota u istini nije agonija zbog sukoba u suprotstavljanju emocija; to je umjesto toga razumijevanje jedni drugih u praštanju i ljubavi i imanje ugodnosti u samokontroli i istrajanju.

Povrh toga, kada ljudi svjesno počine grijehove, oni dolaze do toga da pate od mentalne bolesti zbog mentalnog bola i uništenja. Zato što oni nisi činili dobrotu već su pali u dublje zlo, njihova mentalna patnja stvara bolest. Mi znamo da živčani slom i drugi mentalni poremećaj su nastale bolesti od samog sebe, jer su uzrokovani našim glupavim i zlim načinima. Čak i u takvim slučajevima, Bog ljubavi će iscijeliti one koji žude za Njim i koji žele da dobiju Njegovo iscjeljenje. Šta više, On će takođe dati njima više nade za nebo i dozvoliće im da borave u iskrenoj radosti i u udobnosti.

Bolesti od neprijatelja đavola su takođe zbog grijeha

Neki ljudi su opsednuti Sotonom i pate od svih bolesti koje je neprijatelj đavo bacio na njih. Ovo je zato što su oni zaboravili volju Boga i udaljili su se od istine. Razlog zbog kojeg je veliki broj ljudi bolesno, psihički nesposobno i opsjednuto demonima u porodicama koje su mnogo služile idolima je taj što se Bog gnuša od služenja idolima.

U Izlasku 20:5-6 mi nalazimo: „Nemoj im se klanjati niti im služiti, jer sam Ja GOSPOD Bog tvoj, Bog revnitelj, koji na sinovima pohodim bezakonja otaca njihovih do trećeg i do četvrtog kolena, onih koji mrze na Me, a činim milost na hiljadama onih koji Me ljube i čuvaju zapovijesti Moje." On nam je dao posebnu zapovjest, oprostivši nama što smo služili idolima. Od Deset Božjih Zapovijesti koje nam je On dao, dvije prve Zapovijesti-„Nemoj imati drugih bogova uza Me" (stih 3), i „Ne gradi sebi lik rezani niti kakvu sliku od onog što je gore na nebu, ili dole na zemlji, ili u vodi, ispod zemlje" (stih 4) – mi možemo lako da vidimo koliko se Bog gnuša služenju idolima.

Ako roditelji ne poslušaju volju Boga i služe idolima, njihova djeca će sasvim, prirodno da prate njihov put. Ako se roditelji ne povinuju Riječi Božjoj i čine zlo, njihova djeca će sasvom prirodno da prate njihov put i čine zlo. Kada grijeh u ne pokoravanju dostigne treću ili četvrtu generaciju, to je težak grijeh, njihova pokolenja će patiti od bolesti neprijatelja đavola koji će ih napasti.

Čak iako roditelji služe idolima a njihova djeca, iz dobrote svojih srca, služe Bogu, On će pokazati Njegovu ljubav i milost i blagosloviće ih. Čak i ljudi koji su ranije patili od bolesti sa kojima ih je pogodio neprijatelj đavo i ako su zaboravili volju Boga i otišli po strani od istine, kada se oni pokaju i okrenu se od njihovih griješnih puteva, Bog Iscjelitelj će ih očistiti. Neke će On iscjeliti odmah; neki će biti iscjeljeni malo kasnije; a opet druge će On iscjeliti u skladu sa rastom njihove vjere. Djelo iscjeljenja će se dogoditi u skladu sa voljom Boga ako ljudi imaju nepromjenljivo srce u Njegovim očima, oni će biti iscjeljeni odmah; međutim, ako je njihovo srce lukavo, oni će biti iscjeljeni u kasnijem vremenu.

Mi ćemo se osloboditi od bolesti kada živimo u vjeri

Mojsije je bio mnogo pokorniji od bilo koga na licu ove zemlje (Brojevi 12:3) i bio je odan cijeloj Božjoj kući, i bio je smatran kao najodaniji sluga Božji (Brojevi 12:7). Biblija nam takođe govori da kada je Mojsije umro imao je stotinu i dvadeset godina, njegove oči nisu bile slabe i njegova snaga nije nestala (Ponovljeni Zakonik 34:7). Avrama je bio potpun čovjek koji se povinovao u vjeri i poštovao je Boga, on je živio do godine 175.

(Postanak 25:7). Danilo je bio zdrav čak iako sve što je jeo je bilo povrće (Danilo 1:12-16), dok je Jovan Krstitelj bio snažan iako je jeo samo skakavce i divlji med (Jevanđelje po Mateju 3:4).

Neki će se možda pitati kako su ljudi bivali zdravi kada nisu jeli meso. Ipak, kada je Bog prvo stvorio čovjeka, On mu je rekao da jede voće. U Postanku 2:16-17 Bog govori čovjeku: „Jedi slobodno sa svakog drveta u vrtu; ali s drveta od znanja dobra i zla, s njega ne jedi; jer u koji dan okusiš s njega, umrećeš." Nakon Adamove neposlušnosti, Bog mu je dao samo da jede plodove iz zemlje (Postanak 3:18), a kako se grijeh razvijao na ovom svijetu, nakon osude Potopom, Bog je rekao Noji u Postanku 9:3: „Šta se god miče i živi, neka vam bude za jelo, sve vam to dadoh kao zelenu travu." Kako je čovjek sve više postajao zlobniji, Bog im je dozvolio da jedu meso ali samo ne „neukusno" (Levitski Zakonik 11; Ponovljeni Zakonik 14).

U vremenu Novog Zavjeta, Bog nam govori u Djelima Apostolskim 15:29: „Da se čuvate od priloga idolskih i od krvi i od udavljenog i od kurvarstva, i šta nećete da se čini vama ne činite drugima; od čega ako se čuvate, dobro ćete činiti. Budite zdravi." On nam je dozvolio da jedemo hranu koja je korisna za naše zdravlje i rekao nam je da se suzdržimo od hrane koja je opasna za nas; bilo bi mnogo korisnije za nas da ne jedemo i da ne pijemo hranu kojom Bog nije zadovoljan. Sve dok pratimo volju Boga i živimo u vjeri, naša tijela će postati jača, bolesti će nas napustiti i ni jedan bolest neće nas napasti.

Šta više, mi nećemo postati bolesni ako živimo u pravednosti sa vjerom zato što prije dvije hiljade godina, Isus Hrist koji je došao na zemlju i preuzeo je sve naše nevolje. Kako mi vjerujemo da će prolivanjem Njegove krvi Isus nas otkupiti od naših grijehova i sa Njegovom kaznom i uzimanjem naših slabosti (Jevanđelje po mateju 8:17) mi smo iscjeljeni, to će biti učinjeno u skladu sa našom vjerom (Isaija 53:5-6; 1. Petrova Poslanica 2:24).

Prije nego što smo sreli Boga, mi nismo imali vjeru. Mi smo živjeli u iščezlim željama naše griješne prirode i patili od raznih bolesti kao ishod naših grijehova. Kada mi živimo u istini i uradimo sve u pravednosti, mi ćemo biti blagosloveni sa fizičkim zdravljem.

Kako su misli zdrave i tijelo će biti zdravo. Kako mi boravimo u pravednosti i činimo u skladu sa Riječju Božjom, naša tijela će biti ispunjena Svetim Duhom. Bolesti će nas napustiti i naša tijela će da dobiju fizičko zdravlje, ni jedan bolest nas neće pogoditi. Da naša tijela budu u miru, osjete svjetlost, radost i zdravlje, mi nećemo da budemo u potražnji već samo zahvalni što nam je Bog dao zdravlje.

Da vi činite u pravednosti i u vjeri kako i vaš duh nastavlja da napreduje, vi ćete biti iscjeljeni od svih bolesti i zaraza i dobićete zdravlje! Da vi takođe dobijete i Božju bezgraničnu ljubav i da se povinujete i živite po Njegovoj Riječi- za sve ovo u ime Gospoda ja se molim!

Poglavlje 4

Njegovom kaznom mi smo iscjeljeni

Isaija 53:4-5

A On bolesti naše nosi i nemoći naše uze na se, a mi mišljasmo da je ranjen, da Ga Bog bije i muči. Ali On bi ranjen za naše prestupe, izbijen za naša bezakonja; kar bijaše na Njemu našeg mira radi, i ranom Njegovom mi se iscjelismo.

Isus kao Sin Božji iscjeljuje sve bolesti

Kako ljudi sami upravljaju svojim životnim kursom, oni se susreću sa različitim problemima. Baš kao što i more nije uvijek mirno, u moru života postoje mnogi problemi koji potiču od kuće, posla, biznisa, bolesti, zdravlja i slično tome. Ne bi bilo premnogo da kažemo da između tih problema u životu, najvažnija je bolest.

Bez obzira na iznos bogatstva i znanja koju pojedinac možda posjeduje, ako je on pogođen sa ozbiljnom bolešću sve što je radio kroz njegov život biće ništa, već mehur. Sa jedne strane, mi nailazimo da kako materijalna civilizacija napreduje i zdravlje raste, čovjekova želja za zdravljem takođe raste. Sa druge strane, bez obzira koliko su se nauka i medicina razvila, novo i rijetko stanje bolesti – protiv koje je ljudsko znanje beznačajno – počinje učestalo da se otkriva i broj ljudi koji pate neprestano raste. Možda je i to razlog zašto je veliki naglasak stavljen danas na zdravlje.

Patnja, bolest i smrt – sve potiču od grijeha- čine granicu čovjeka. Kao što je On uradio za vrijeme Starog Zavjeta, Bog Iscjelitelj nam predstavlja danas način u kojem ljudi koji vjeruju u Njega mogu biti iscjeljeni od svih bolesti, svojom vjerom u

Isusa Hrista. Dozvolite nam da istražimo Bibliju i da vidimo zašto smo dobili odgovore na probleme bolesti i vodili zdrave živote sa našom vjerom u Isusa Hrista.

Kada je Isus pitao Svoje učenike: „A vi šta mislite ko sam ja?" Simeon Petar je odgovorio: „Ti si Hristos, Sin Boga Živoga" (Jevanđelje po Mateju 16:15-16). Ovaj odgovor se čini korektno jednostavan, ali takođe planski otkriva da samo Isus i jeste Hrist.

Za vrijeme Njegovog vremena, velika kolona je pratila Isusa zato što je On odmah iscjeljivao ljude koji su bili bolesni. Tu su bili uključeni opsjednuti demonima, epileptičari, paralizovani i drugi koji su patili od različitih vrsta bolesti. Kada su sa leprom, ljudi sa temperaturom, sakati, slijepi i ostali bivali iscjeljeni dodirivanjem Isusa, oni su počeli da ga prate i da Njega služe. Koliko je predivan bio ovaj prizor? Nakon što su bili svjedoci takvim čudima i zapanjivim djelima, ljudi su vjerovali i prihvatili Isusa, dobijali su odgovore na životne probleme i bolesni su iskusili djela iscjeljenja. Šta više, baš kao što je Isus iscjeljivao ljudi u Njegovom vremenu, svako ko dođe ispred Isusa može takođe i danas da dobije iscjeljenje

Čovjek koji se nije toliko razlikovao od sakatog posjetio je cijelonoćnu službu bogosluženja petkom odmah nakon što je pronašao moju crkvu. Poslije saobraćajne nesreće automobilom, čovjek je primao duže vrijeme terapiju u bolnici. Međutim, zato što mu je tetiva u njegovom kolenu bila produžena, on nije mogao da savije njegovo koleno i zato što listove na nozi nije mogao da pomjera, za njega je bilo nemoguće da hoda. Kako je slušao propovjedanu Riječ, on je počeo da prihvata Isusa Hrista i bio je iscjeljen. Kada sam se iskreno molio za čovjeka, on je odmah ustao i počeo je da hoda i da trči. Baš kao što je sakat čovek blizu kapije Hrama Krasna poskočio na svoje noge i počeo da hoda posle Petrove molitve (Djela Apostolska 3:1-10), čudesna djela Božja su bila manifestvovana.

Ovo služi kao primjer da svako ko vjeruje u Isusa Hrista i dobije oproštaj u Njegovo ime može da bude u potpunosti iscjeljen od njegovih bolesti – čak iako one ne mogu biti izlječene sa medicinskom naukom- jer je njegovo tjelo obnovljeno i preobraćeno. Bog koji je isti juče i danas i zauvijek (Poslanica Jevrejima 13:8) djeluje u ljudima koji vjeruju u Njegovu Riječ i traže u skladu sa njihovom vjerom i On iscjeljuje različite bolesti, otvara oči slijepima i daje da sakati ustanu.

Svako ko je prihvatio Isusa Hrista, njemu je oprošteno od svih njihovih grijehova i postaje dijete Božje i može sada da živi život u slobodi.

Hajde sada da razmotrimo do detalja zašto svako od nas može da živi zdrav život kada počnemo da vjerujemo u Isusa Hrista.

Isus je bio kažnjen i prolio je Svoju krv

Pre Njegovog razapeća, Isus su izderali Rimski vojnici i On je prolio Njegovu krv na sudu Pontija Pilata. Rimski vojnici u Njegovom vremenu bili su čvrstog zdravlja, izuzetno jaki i dobro istrenirani. Nakon svega, oni su bili vojnici vladara koji je vladao svijetom u to vrijeme. Nevjerovatan bol koji je Isus izdržao kada su Njega ovi jaki vojnici svukli i tukli ne može biti adekvatno opisan riječima. Na svakom bičevanju, bič bi se obmotao oko Njegovog tijela i kidao bi Njegovo meso i krv Njegova je kapljala iz tijela.

Zašto je Isus, Sin Božji koji je bez grijeha, srama, ili krivice morao da bude tako bičevan silno i da krvari za nas griješnike? Usađeni u ovaj događaj su duhovna implikacija velikih dubina i nevjerovatnog proviđenja Božjeg.

1. Poslanica Petrova 2:24 nam govori da smo sa Isusovim ranama mi iscjeljeni. U Isaiji 53:5 mi čitamo da smo Njegovim bičevanjem mi iscjeljeni. Prije oko dvije hiljade godina, Isus Sin Božji je bio bičevan da bi nas otkupio od agonije bolesti i krv koju je On prolio je za naše grijehove jer nismo živjeli po Riječi Božjoj. Kada mi vjerujemo u Isusa koji je bičevan i koji je krvario, mi ćemo već biti oslobođeni od naših bolesti i bićemo iscjeljeni. Ovo je znak Božje nevjerovatne ljubavi i mudrosti.

Prema tome, ako vi patite od bolesti kao dijete Božje, pokajte se u vašim grijehovima i vjerujte da ste već bili iscjeljeni. Jer: „Vjera je, pak, tvrdo čekanje onog čemu se nadamo, i dokazivanje onog što ne vidimo" (Poslanica Jevrejima 11:1), čak iako mi osjećamo bol u pogođenim dijelovima našeg tijela, sa vjerom sa kojom mi možemo da kažemo: „Ja sam već iscjeljen," to će zaista uskoro biti iscjeljeno.

Za vrijeme mojih školskih dana, ja sam povrijedio jedno moje rebro i kada bi se vratilo s vremena na vrijeme, bol je bio nepodnošljiv da sam imao poteškoća prilikom disanja. Godinu ili dve nakon što sam prihvatio Isusa Hrista, bol se povratio kada samo pokušao da podignem težak predmet i nisam čak mogao da napravim ni naredni korak. Uprkos tome, zato što sam ja iskusio i vjerovao u moć svemogućeg Boga, ja sam se iskreno molio: „Kada se pomjerim odmah nakon molitve, ja vjerujem da će bol nestati i da ću da hodam." Kako sam vjerovao u mog svemogućeg Boga i obrisao pomisao na bol mogao sam da ustanem i hodam. Bilo je to kao da je bol bio u mojoj mašti.

Kao što je Isus rekao u Jevanđelju po Marku 11:24: „Zato vam kažem: sve što ištete u svojoj molitvi vjerujte da ćete primiti; i biće vam," ako mi vjerujemo da smo već bili iscjeljeni, mi ćemo zaista dobiti iscjeljenje u skladu sa našom vjerom. Međutim, ako mi mislimo da još nismo iscjeljeni zbog potajnog bola, bolest neće biti iscjeljena. Drugim riječima, samo kada razbijemo zamisao u našim sopstvenim mislima, sve će biti učinjeno sa našom vjerom.

Zbog toga nam Bog govori da su griješne misli neprijatelj Bogu (Poslanica Rimljanima 8:7) i naređuje nam da zarobimo svaku misao da bi bili pokorni Bogu (2. Poslanica Korinćanima 10:5). Šta više, u Jevanđelju po Mateju mi nailazimo da je Isus uzeo našu slabost i odneo naše bolesti. Ako vi mislite: „Ja sam slab," vi samo možete da ostanete slabi. Ipak, bez obzira koliko da je težak i iscrpljujući život, ako vaše usne priznaju: „Zato što imam u sebi moć i milost Boga i zato što me Sveti Duh vodi, ja nisam iscrpljen," iscrpljenost će nestati i vi ćete se pretvoriti u snažnu osobu.

Ako mi zaista vjerujemo u Isusa Hrista koji je uzeo našu slabost i odneo našu bolest, mi moramo da se setimo da ne postoji razlog da bi mi patili od bolesti.

Kada je Isus vidio njihovu vjeru

Sada pošto smo mi isceljeni zbog Isusove kazne ono što je nama potrebno je vjera sa kojom ćemo vjerovati u ovo. Danas, mnogi ljudi koji nisu vjerovali u Isusa Hrista su došli pred Njim sa svojim bolestima. Neki ljudi su iscjeljeni malo poslije što su prihvatili Isusa Hrista dok drugi nisu pokazali nikakav napredak čak i poslije molitva koje su trajale nekoliko mjeseci. Kasnija grupa ljudi treba da pogleda unazad i da provjeri svoju vjeru.

U objašnjenju navedenom u Jevanđelju po Marku 2:1-12, hajde da razjasnimo kako su paralizovan čovjek i njegova četiri prijatelja pokazali svoju vjeru, omogućavajući iscjeliteljsku ruku Gospoda da ga oslobodi od njegove bolesti i da daje slavu Bogu.

Kada je Isus posjetio Kapernaum, vijest o Njegovom dolasku se veoma brzo proširila i velika kolona se okupila. Isus im je propovjedao Riječ Božju-istinu-i gomila je obratila pažnju, ne želeći da propusti ni najmanju riječ Isusa. Odmah tada, četiri čovjeka je povelo sa sobom paralizovanog čovjeka na podmetaču ali zbog velike kolone, oni nisu mogli da dovedu blizu paralizovanog do Isusa.

Uprkos tome, oni nisu odustali. Umjesto toga, oni su otišli gore na krov kuće u kojoj je Isus boravio, napravili su otvor iznad njega, provukli se tuda i spustili su podmetač na kojem je paralizovan ležao. Kada je Isus vidio njihovu vjeru, On je rekao paralizovanom: „Sine, tvojim grijehovima je oprošteno…ustani, uzmi svoj podmetač i idi kući," i paralizovan je dobio iscjeljenje koje je iskreno želio. Kada je on uzeo svoj podmetač i hodao ispred na očigled svih, ljudi su bili zaprepašćeni i dali su slavu Bogu.

Paralizovan čovjek je patio od tako teške bolesti da nije mogao da se sam pomjera. Kada je paralizovan čuo o novostima o Isusu, koji je otvorio oči slijepima, uspravio sakate, iscjelio sa leprom, izbacivao demone i iscjelio mnoge razne patnje od različitih bolesti, on je očajnički želio da vidi Isusa. Zato što je imao dobro srce, kada je paralizovan čuo takve novosti, on je žudio da vidi Isusa odmah kada čuje gdje će Isus biti.

Onda, jednog dana, paralizovan čovjek je čuo da je Isus došao u Kapernaum. Možete li da zamislite koliko je oduševljen bio kada je čuo ove novosti? On mora da je tražio svoje prijatelje koji bi mu pomogli i njegovi prijatelji, koji su na sreću imali svoju sopstvenu vjeru, su vrlo rado prihvatili prijateljev zahtjev. Zato što su prijatelji paralizovanog čovjeka takođe čuli novosti o Isusu, kada je njihov prijatelj iskreno zatražio da ga odvedu kod Isusa, oni su pristali.

Da su prijatelji paralizovanog odbili njegov zahtjev i da su mu se podsmijevali, govoreći: „Kako ti možeš da vjeruješ u takve stvari kada ga sam nisi vidio?" oni ne bi prošli kroz sve te nevolje da bi pomogli prijatelju. Ipak, zato što su oni takođe imali vjeru, oni su mogli da donesu prijatelja na podmetaču, svako od njih je držao jedan kraj podmetača i čak su se namučili da bi napravili otvor na krovu kuće.

Kada su oni vidjeli veliku kolonu da se okupila i napravili su težak put i nisu mogli da se provuku da bi prišli Isusu, koliko su samo uznemireni i obeshrabreni oni bili? Oni mora da su tražili i bili zadovoljni zbog malog otvora. Međutim, zbog velikog broja ljudi koji su se okupili, oni nisu vidjeli nijedan prolaz i počeli su da postaju očajni. Na kraju, oni su odlučili da se popnu na krov kuće u kojoj je Isus bio, napravili su otvor i spustili su njihovog prijatelja koji je ležao na podmetaču ispred Isusa. Paralizovan je došao pred Isusom na najbližu distancu od svih ostalih koji su bili prisutni. Kroz ovu priču, mi možemo da vidimo koliko su iskreno žudili paralizovan čovjek i njegovi prijatelji da budu pred Isusom.

Mi moramo da obratimo pažnju na činjenicu da je paralizovan i njegovi prijatelji nisu samo jednostavno otišli pred Isusa. Činjenica da su oni prošli kroz nevolju da bi bili pred Njime samo nakon što su čuli vijest o Njemu nam govori da su vjerovali u vijesti o Njemu i o porukama koje je On učio. Šta više, prolazivši vidljive teškoće, istrajanje i agresivno prilaženje Isusu, paralizovan čovjek i njegovi prijatelji su pokazali koliko su pokorni bili kada su stali ispred Njega.

Kada su ljudi vidjeli paralizovanog čovjeka i njegove prijatelje da idu na krov i da prave otvor na njemu, kolona ljudi je možda osjetila prezir ili postala ljuta. Možda događaj ne možemo ni da zamislimo kako se dogodio. Ipak, za ovo petoro ljudi, niko i ništa nije moglo da ometne njihov put. Jednom kada su vidjeli Isusa, paralizovan čovjek je bio iscjeljen i oni su mogli da lako poprave i nadoknade štetu na krovu.

Ipak, između mnogih ljudi koji pate od teških bolesti danas, teško je da naiđemo na samog pacijenta ili porodicu koji predstavljaju vjeru. Umjesto da su agresivno prilazili Isusu, oni su bili brzi u odgovorima: „Ja sam užasno bolestan, hteo bih da odem ali nisam u mogućnosti," ili „I tako, i tako moja porodica je toliko slaba da ona ne može da se pomjeri." Obeshrabrujuće je da vidim takve pasivne ljude koji čini se samo čekaju da jabuka padne u njihova usta sa drveta jabuke. Ovim ljudi, drugim riječima, manjka vjera.

Ako ljudi dokazuju svoju vjeru u Bogu, tu mora da postoji i iskrenost sa kojom oni pokazuju svoju vjeru. Da bi neko mogao da iskusi djela Božja sa vjerom koja su dobijena i skladištena samo kao znanje, samo kada on pokaže njegovu vjeru u djelima, njegova vjera postaje živa vjera i volja temelj vjere da bi se dobila i izgradila Bogom data duhovna vjera. Prema tome, baš kao što je i paralizovan čovjek dobio Božje djelo iscjeljenja na osnovu temelja njegove vjere, mi takođe moramo da postanemo mudri i da pokažemo Njemu naš temelj vjere-vjeru samu-tako da mi takođe možemo da vodimo život u kome ćemo dobiti Bogom datu duhovnu vjeru i iskusimo Njegova čuda.

Vašim grijehovima je oprošteno

Za paralizovanog čovjeka koji je došao ispred Isusa uz pomoć prijatelja, Isus je rekao: „Sine, tvojim grijehovima je oprošteno," i riješio je problem grijeha. Za pojedinca nije moguće da dobije odgovore kada postoji zid grijeha između njega samog i Boga, Isus je prvo utvrdio problem za paralizovanog čovjeka, koji je došao do njega sa temeljom vjere.

Ako mi zaista posjedujemo našu vjeru u Bogu, Biblija nam govori sa kojom vrstom stava mi m moramo da dođemo ispred Njega i kako treba da činimo. Slušanjem zapovjesti kao što su: „Čini," „Ne čini," „Održavaj" i „Odbaci" i slično tome, nepravedna osoba će se pretvoriti u onu pravednu osobu i lažov će se pretvoriti u iskrenu i poštenu osobu. Kada se mi povinujemo Riječju istine, naši grijehovi će biti pročišćeni sa krvlju našeg Gospoda i mi ćemo dobiti oproštaje, Božju zaštitu i odgovori će od gore doći.

Zato što su sve bolesti stablo grijeha jednom kada je problem ustanovljen, uslovi u kojima će Božja djela biti manifestvovana su ustanovljeni. Baš kao što sijalica svetli i svi mašinski aparati kada struja prolazi kroz anodu i izlazi kroz katodu, kada Bog vidi nečije temelje vjere On će ustanoviti oproštaj i daće mu od gore vjeru i uveliko će proizvoditi čuda.

„Ustani, uzmi odar svoj i idi doma" (Marku 2:11). Koliko je topla ova primedba? Nakon što je vidio vjeru paralizovanog čovjeka i njegovo četvoro prijatelja, Isus je riješio problem grijeha i paralizovan čovjek je mogao odmah da hoda. On je postao ponovo, nakon toliko vremena u bolesti, ponovo potpun. Na isti način, ako mi želimo da primimo odgovore ne samo na bolesti već na bilo koje probleme da imamo, mi moramo da se sjetimo da najprije moramo da dobijemo oproštaj i da učinimo naše srce čistim.

Kada ljudi imaju malo vjere, oni možda vide rješenja za njihovu bolest oslanjajući se na medicinu i ljekare, ali sada kada je njihova vjera narasla i oni vole Boga i žive po Njegovoj Riječi, bolest njih ne napada. Čak i kada su se oni razboljeli, kada su najprije pogledali unazad na sebe, pokajali se iz dubine njihovih srca i okrenuli se od griješnih puteva, oni su odmah primili iscjeljenje. Ja znam da su mnogi od vas imali takva iskustva.

Nedavno, starješini u mojoj crkvi je dijagnostikovana raptura diskusa i odmah odjednom, on nije moglo da se pomjera. Odjednom, on je pogledao unazad na svoj život,pokajao se i primio moju molitvu. Djelo iscjeljenja Božjeg se dogodilo na licu mjesta i njemu je opet bilo dobro.

Kada je njena ćerka patila od groznice, majka i ćerka su shvatile da je njihova tvrdoglavost bila korijen ćerkine patnje i kada se ona pokajala zbog toga dijete je postalo dobro.

Kako bi spasio cijelo čovječanstvo zbog Adamove neposlušnosti, koje je bilo na ivici uništenja, Bog je poslao Isusa Hrista na ovu zemlju i dozvolio Mu je da bude proklet i razapet na drveni krst za naše dobro. Zbog toga Biblija govori: „I gotovo sve se krvlju čisti po zakonu, i bez prolivanja krvi ne biva oproštenje" (Poslanica Jevrejima 9:22) i „Proklet svaki koji visi na drvetu" (Poslanica Galaćanima 3:13).

Sada kada znamo da problem bolesti potiče iz grijeha, mi moramo da se pokajemo od svih naših grijehova i iskreno da vjerujemo u Isusa Hrista koji je otkupio sve nas od svih naših bolesti i sa tom vjerom mi bi trebali da vodimo zdrav život. Mnogo braća danas doživljavaju iscjeljenja, svjedoče o Božjoj moći i svjedoče o živom Bogu. Ovo nam pokazuje da bilo ko ko prihvata Isusa Hrista i traži Njegovo ime, na probleme svih bolesti može biti odgovoreno. Bez obzira koliko je nečija bolest teška, kada on vjeruje u svom srcu u Isusa Hrista koji je kažnjen i prolio je Njegovu krv, nevjerovatno djelo iscjeljenja Božjeg će biti manifestvovano.

Vjera usavršena sa delima

Kao što je paralizovan čovjek dobio iscjeljenje uz pomoć svojih prijatelja nakon što su pokazali svoju vjeru ispred Isusa, ako mi želimo da dobijemo želju u našim srcima, mi takođe moramo da pokažemo Bogu našu vjeru koja je praćena djelima, čime se uspostavlja temelj vjere. Kako bi pomogli čitaocima da razumiju bolje „vjeru" ja ću ponuditi kratko objašnjenje.

U nečijem životu u Hristu, „vjera" može biti podjeljena i objašnjena u dvije kategorije. „Vjera mesa" ili „vjera znanja" se odnosi na vrstu vjere sa kojom jedan može da vjeruje zbog fizičkih dokaza i Riječ se poklapa sa njegovim znanjem i mislima. Suprotno tome, „duhovna vjera" je vrsta vjere sa kojom jedan može da vjeruje čak iako ne može da vidi da se Riječ poklapa sa znanjem i mislima.

Sa „vjerom mesa," jedan vjeruje da je nešto što je vidljivo stvoreno je samo iz nečeg drugog što je takođe vidljivo. Sa „duhovnom vjerom," koju neko ne može da ima ako se ne poklapa sa njegovim sopstvenim mislima i znanjem, jedan vjeruje da nešto što je vidljivo može biti stvoreno od nečega drugog što nije vidljivo. Ovo poslednje zahtjeva uništenje nečijeg znanja i misli.

Još od rođenja, neizračunljiva količina znanja je usađena u mozgu svake osobe. Stvari koje vidi i čuje su registrovane. Stvari koje uči u kući i u školi su registrovane. Stvari u različitom okruženju i uslovima su registrovane. Ipak, nije svako registrovano znanje istina, ako je jedna od njih suprotna Riječi Božjoj, jedan mora odmah da je odbaci. Na primjer, u školi on uči da svaka živa stvar ili se raspala ili je evoluirala od jednoćelijskog organizma u višećelijski organizam ali u Bibliji on uči da sve žive stvari su stvorene u skladu sa njihovim vrstama od Boga. Šta bi on trebao da uradi? Teorija zavjere o evoluciji je već bila razgolićena čak i naučno iznova i iznova. Kako je moguće da čak i sa ljudskim rezonima, da je majmun evoluirao u ljudsko biće i da je žaba evoluirala u neku vrstu ptice u razmaku od milion godina? Čak i logičnost favorizuje stvaranje.

Slično tome, „vjera mesa" je transformisana u „duhovnu vjeru" kako će vaše sumnje biti bačene vi ćete moći da stanete na kamenu vjere. U nastavku, ako vi priznate vašu vjeru u Bogu, vi morate sada da stavite Riječ koju ste sklonili kao znanje u praktikovanju. Ako vi priznate da vjerujete u Boga, vi morate da pokažete sebe kao svjetlost održavajući Božji dan svetim, da volite svoje komšije i da se povinujete Riječju istine.

Da je paralizovan čovjek u Jevanđelju po Marku 2 ostao kod kuće, on ne bi bio isceljen. Ipak, zato što je vjerovao da će biti isceljen kada dođe ispred Isusa i pokazao je njegovu vjeru primenjujući i koristeći svaku metodu, paralizovan čovjek je moga da dobije isceljenje. Čak iako pojedinac želi da izgradi kuću i samo se moli: „Gospode, ja vjerujem da će kuća biti izgrađena," stotinu ili hiljadu molitva neće sama od sebe dovesti da se kuća izgradi sama od sebe. On mora da svoj dio u djelu pripremanja temelja, kopanju zemlje, postavljanju stubova, i ostalog; ukratko, „djela su potrebna."

Ako vi ili neko iz vaše porodice pati od bolesti, vjerujte da će Bog dati oproštaj i manifestvovaće djela isceljenja kada On vidi sve u vašoj porodici ujedinjene, ujedinjenost sa kojom će On podići temelj vjere. Neki kažu da zato što postoji vrijeme za sve, postojaće i vrijeme takođe i za iscjeljenje. Međutim, sjetite se da „vrijeme" je kada čovjek postavlja temelj vjere ispred Boga.

Da vi dobijete odgovore na vašu bolest takođe i za sve ostalo što potražite i da dajete slavu Bogu, i ime Gospoda ja se molim!

Poglavlje 5

Snaga da se iscjeli slabost

Jevanđelje po Mateju 10:1

I dozvavši Svojih dvanaest učenika dade im vlast nad duhovima nečistim da ih izgone, i da iscjeljuju od svake bolesti i svake nemoći.

Snaga da se iscjeli bolest i slabost

Postoji mnogo načina da se dokaže živi Bog nevjernicima i iscjeljenje od bolesti je jedna od tih metoda. Kada ljudi pate od neizlječive i krajnje bolesti, protiv koje je medicinska nauka beskorisna, dobiju iscjeljenje, oni više ne mogu da poreknu moć Boga Stvoritelja već počinju da vjeruju u ti moć i daju Njemu slavu.

Uprkos njihovom zdravlju, vlasti, moći i znanju, mnogi ljudi danas nisu u mogućnosti da riješe problem bolesti i ostavljeni su u njenoj boli. Čak iako veliki broj bolesti ne može biti izlječen čak i sa najvećim razvojem medicine, kada ljudi vjeruju u svemogućeg Boga, oslone se na Njega i i predaju problem bolesti Njemu, sve neizlječive bolesti i bolesti sa smrtnim ishodom mogu biti iscjeljene. Naš Bog je svemoguć Bog, za koga ništa nije nemoguće i ko može da stvori nešto od ničega, koji ima suvi štap sa klijalim pupoljcima (Brojevi 17:8), i oživljava mrtve (Jevanđelje po Jovanu 11:17-44).

Moć našeg Boga može zaista da iscjeli svaku bolest i zarazu. U Jevanđelju po Mateju 4:23, mi nailazimo: „I prohođaše po svoj Galileji Isus učeći po zbornicama njihovim, i propovjedajući jevanđelje o carstvu, i iscjeljujući svaku bolest i svaku nemoć po ljudima" i u Jevanđelju po Mateju 8:17 mi čitamo da: „Da se zbude šta je kazao Isaija prorok govoreći: ‚On nemoći naše uze i bolesti ponese.'" U ovim stihovima „bolest," „nemoć," i „slabost" su pročitane.

Ovdje „slabost" se ne odnosi na relativno slabe bolesti kao prehlada ili bolest od umora. To je neprirodno stanje u kome funkcije nečijeg tijela, dijelovi tijela ili organa postaju paralizovani ili oštećeni zbog nesreće ili greške njegovih roditelja ili svoje sopstvene. Na primjer, oni koji su mutavi, gluhi, slijepi, sakati ili pate zbog slabosti paralize (poznate kao polio) i ostali – oni koji ne mogu biti izlečeni znanjem čovjeka- mogu biti smatrani kao „slabi." Pored uslova uzrokovanih nesrećom ili nesreća ili grešaka roditelja ili njegovih sopstvenih, kao u ovom slučaju čovjeka koji je rođen slijep u Jevanđelju po Jovanu 9:1-3, postoje ljudi koji pate od slabosti tako da slava Božja može biti manifestvovana. Ipak, takvi slučajevi su rijetki i obično su uzrokovani ignorisanjem ili greškama od strane ljudi.

Kada se ljudi pokaju i prihvate Isusa Hrista kao što žele da vjeruju u Boga, On im daje Svetog Duha kao dar. Zajedno sa Svetim Duhom oni takođe dobijaju i pravo da postanu Božja djeca. Kada je Sveti Duh sa njima, osim u rijetkim slučajevima i ozbiljnim slučajevima, većina bolesti je iscjeljeno. Činjenica da su oni primili Svetog Duha sama dozvoljava vatru Svetog Duha da siđe do njih i da izgori njihove rane. Šta više, ako neko pati od kritične bolesti, kada se on iskreno moli u vjeri, uništava zid grijehova između njega samog i Boga, okreće se od puta grijeha, pokaje se, on će dobiti iscjeljenje u skladu sa njegovom vjerom.

„Vatra Svetog Duha" se odnosi na krštenje vatrom koje zauzima mjesto nakon što neko dobije Svetog Duha i iz Božjeg pogleda to je Njegova moć. Kada su duhovne oči Jovana Krstitelja bile otvorene i kada je vidio, on je opisao vatru Svetog Duha kao „krštenje vatrom." U Jevanđelju po Mateju 3:11, Jovan Krstitelj je rekao: „Ja dakle krštavam vas vodom za pokajanje, a Onaj koji ide za mnom, jači je od mene, ja nisam dostojan Njemu obuću ponijeti; On će vas krstiti Duhom Svetim i ognjem." Krštenje vatrom ne dolazi u svako vrijeme već samo kada je neko ispunjen Svetim Duhom. Pošto vatra Svetog Duha uvijek dolazi na njega koji je ispunjen Svetim Duhom, svi njegovi grijehovi i bolesti biće izgorene i on će početi da živi zdravi život.

Kada krštenje vatrom spali uzrok bolesti, većina bolesti su iscjeljene; međutim, ne mogu biti izgorene samo sa krštenjem vatrom. Kako, onda, slabist može biti iscjeljena?

Sve slabosti mogu biti iscjeljene samo sa Bogom datom moći. Zbog toga mi nailazimo u Jevanđelju po Jovanu 9:32:33: „Otkako je svijeta nije čuveno da ko otvori oči rođenom slijepcu. Kad On ne bi bio od Boga ne bi mogao ništa činiti."

U Djelima Apostolskim 3:1-10 postoji scena u kojoj su Petar i Jovan, koji su oboje primili moć Boga, pomogli su sakatom od rođenja koji je ustao počevši od kapije hrama zvane „Krasna." Kada mu je Petar rekao u stihu 6: „Srebra i zlata nema u mene, nego šta imam ovo ti dajem: U ime Isusa Hrista Nazarećanina ustani i hod!" i uzeo je sakatog desnom rukom, odmah su noge čovjeka i člankovi postali snažni i on je počeo da slavi Boga hvalospjevom. Kada su ljudi vidjeli čovjeka koji je ranije bio sakat da hoda i slavi Boga, oni su se osjećali začuđeno i bili su zapanjeni.

Ako neko želi da dobije iscjeljenje, on mora da posjeduje vjeru sa kojom vjeruje u Isusa Hrista. Čak iako je sakat čovjek možda bio samo prosjak, zato što je on vjerovao u Isusa Hrista on je mogao da dobije iscjeljenje dok su se oni koji su dobili moć Boga molili za njega. Zbog toga nam Sveto Pismo govori: „I za vjeru imena Njegovog, ovoga kog vidite i poznajete, utvrdi ime Njegovo; i vjera koja je kroza Nj dade mu cijelo zdravlje ovo pred svima vama" (Dela Apostolska 3:16).

U Jevanđelju po Mateju 10:1 mi nailazimo da Isus daje moć Njegovim učenicima protiv nečistih duhova, da ih odbacuju i da iscjele sve načine slabosti i sve načine bolesti. U Starom Zavjetu, Bog daje moć za iscjeljenje slabosti Njegovim voljenim prorocima uključujući Mojsija, Iliju i Jeliseja; u Novom Zavjetu, Božja moć je bila sa takvim apostolima kao što su Petar i Pavle i odani radnici Stefan i Filip.

Jednom kada jedan dobije moć Boga ništa nije nemoguće zato što on može da pomogne sakatim, iscjeli one koji pate od slabosti paralize i omogući im da hodaju, da slijepima učini da vide, da otvori uši gluvima i izgubljenim jezicima gluvo nemih.

Različiti načini da se iscjeli slabost

1. Moć Božja je iscjelila gluvog i mutavog čovjeka

U Jevanđelju po Marku 7:31-37 je scena sa kojom moć Božja iscjeljuje gluvog i mutavog čovjeka. Kada su ljudi doveli čovjeka ispred Isusa i molili Njega da stavi njegove ruke na čovjeka, Isus je pomjerio čovjeka sa strane i stavio je Njegove prste u čovekove uši. Onda je pljunuo i dodirnuo je čovjekov jezik. On je pogledao prema nebu i u dubokom uzdahu je rekao: „Efata!" (što znači: „Budi iscjeljen!") (stih 34). U tom momentu uši čovjeka su bile otvorene, njegov jezik se opustio i on je mogao slobodno da govori.

Da li Bog, koji je stvorio sve u univerzumu Svojom Riječju, ne bi i čovjeka iscjelio sa Riječju? Zašto je Isus stavio Njegove prste na čovjekove uši? Pošto gluva osoba ne može da čuje zvukove i ne može da komunicira sa jezičkim znakovima, ovaj čovjek ne bi mogao da posjeduje vjeru na način na koji su drugi to mogli čak i da je Isus govorio glasno. Zato što je Isus znao da čovjeku nedostaje vjera, Isus je stavio njegove prste na čovjekove uši da bi kroz dodir prstiju čovjek mogao da posjeduje vjeru sa kojom bi mogao da bude iscjeljen. Najvažniji elemenat je vjera sa kojom jedan vjeruje da može biti iscjeljen. Isus je mogao da iscjeli čovjeka sa Njegovom Riječju ali zato što čovjek nije mogao da čuje, Isus je posadio vjeru i dozvolio mu je da dobije iscjeljenje koristeći takav metod.

Zašto, onda, je Isus pljunuo i dodirnuo čovjekov jezik? Činjenica da je Isus pljunuo nam govori da je zli duh uzrokovao da čovjek bude mutav. Da vam neko pljune u lice bez ikakvog razloga, kako biste to prihvatili? To je čin zagađivanja i nemoralnog ponašanja koji u potpunosti zanemaruje nečiji karakter. Pošto pljuvanje u osnovi simbolizuje ne poštovanje i poniženje za nekoga, Isus je takođe pljunuo kako bi izbacio zlog duha.

U Postanku, mi nailazimo da je Bog prokleo zmiju otrovnicu da jede prašinu za vrijeme preostalog života. Ovo, drugim riječima, se odnosi na Božju kletvu prema neprijatelju đavolu i Sotoni, koji su podstakli zmiju otrovnici da načini od čovjeka plen koji je napravljen od prašine. Prema tome, još od Adamovog vremena neprijatelj đavo je nastojao da načini od čovjeka plen i tražio je svaku priliku da muči i satire čovjeka. Baš kao što se muve, komarci i larve nastanjuju na prljavim mjestima, neprijatelj đavo se nastanjuje u ljudima čija su srca ispunjena grijehom i tvrdoglavima i pravi ih taocima njihovih misli. Mi moramo da shvatimo da samo oni koji žive po Riječi Božjoj mogu da budu iscjeljeni od svojih bolesti.

2. Moć Božja je iscjelila slijepog čovjeka

U Jevanđelju po Marku 8:22-25 mi nailazimo na sledeće:

I dođe u Vitsaidu. I dovedoše k Njemu slijepoga, i moljahu

Ga da ga se dotakne. I uzevši za ruku slijepoga izvede ga napolje iz sela, i pljunuvši mu u oči metnu ruke na nj, i zapita ga: „Vidiš li šta?" I pogledavši reče: „Vidim ljude gdje idu kao drva." I potom opet metnu mu ruke na oči, i reče mu da progleda: i iscjeli se, i vide sve lijepo.

Kada se Isus molio za ovog slijepog čovjeka, On je pljunuo na čovjekove oči. Zašto onda ovaj čovjek nije mogao da vidi prvi put kada se Isus molio za njega već nakon druge Isusove molitve? Sa Njegovom moći, Isus je mogao da iscjeli čovjeka u potpunosti ali pošto je čovjekova vjera bila mala, Isus se molio za njega drugi put i pomogao mu je da posjeduje vjeru. Kroz ovo, Isus nas uči da kada ljudi ne mogu da dobiju iscjeljenje prvi put kada prime molitvu, mi bi trebali da se molimo za te ljude dva, tri, četiri čak i pet puta sve dok se sjeme vjere sa kojom oni mogu da počnu da vjeruju u svoje iscjeljenje, ne posadi.

Isus za kojeg ništa nije bilo nemoguće se molio i molio ponovo kada je On znao da slijep čovjek ne može biti iscjeljen njegovom vjerom. Šta mi treba da uradimo? Sa više preklinjanja i molitva, mi bi trebali da izdržimo sve dok ne dobijemo iscjeljenje.

U Jovanovoj Poslanici 9:4-6 je čovjek rođen slijep koji je

dobio isceljenje nakon što je Isus pljunuo na zemlju, napravio malo blata od Njegove pljuvačke i stavio blato na njegove oči. Zašto je njega Isus iscjelio kada je pljunuo na zemlju, napravio blato od Njegove pljuvačke i stavio blato na njegove oči? Pljuvačka se ovde ne odnosi na ništa što je nečisto; Isus pljuje na zemlju da bi mogao da napravi blato i stavlja ga na čovekove oči. Isus je napravio blato sa Njegovom pljuvačkom zato što je bila nestašica vode. U slučaju kada se njihova djeca ispeku ili kada se rana širi ili u ujedima od insekta, roditelji često stave njihovu pljuvačku na pažljiv način. Mi bi trebali da razumijemo ljubav našeg Boga koji koristi razna značenja da pomogne slabima da posjeduju vjeru.

Kako je Isus stavio blato na slijepe čovjekove oči, čovjek je imao osjećaj blata na njegovim očima i počeo je da posjeduje vjeru sa kojom je mogao da bude iscjeljen. Nakon što je Isus dao vjeru slijepom čovjeku čija je sopstvena vjera bila mala, Njegovom moći On je otvorio čovjekove oči.

Isus nam govori: „Ako ne vidite znaka i čudesa, ne vjerujete" (Jevanđelje po Jovanu 4:48). Danas, nemoguće je pomoći onim ljudima koji posjeduju vrstu vjere sa kojom jedan može da vjeruje sa Riječima iz Biblije, bez da svedoči od čudima isceljenja i čudima. U godinama u kojoj je nauka čovjekovog znanja daleko napredovala, izuzetno je teško da se posjeduje duhovna vjera u vjerovanju u nevidljivog Boga. „Vidjeti je vjerovati" mi često čujemo. Slično tome, zato što će ljudska vjera narasti i djela iscjeljenja će se dogoditi mnogo brže kada oni vide stvarne dokaze živog Boga, „čudesni znakovi i čuda" su apsolutno neophodni.

3. Moć Božja je iscjelila sakatog

Kako je Isus propovjedao Božje Novosti i iscjeljivao ljude koji su patili od svih slučajeva bolesti i načina zaraze, Njegovi učenici su takođe manifestvovali moć Božju.

Kada je Petar zapovijedio sakatom prosjaku: „U ime Isusa Hrista Nazaretskog, hodaj" (stih 6) u uzeo ga sa desnom rukom, odmah su čovjekove noge i zglobovi postali jaki i on je poskočio na noge i počeo je da hoda (Djela Apostolska 3:6-10). Kako su ljudi vidjeli sve više znakova i čuda koje je Petar manifestvovao nakon što je dobio Božju moć, sve više ljudi je počelo da vjeruje u Gospoda. Oni su čak i iznosili bolesne na ulicu i polagali ih na krevete i madrace tako da samo Petrova senka može da padne na neke od njih dok je prolazio. Kolona se takođe okupljala i iz okolnih gradova Jerusalima, dovodili su svoje bolesne i one mučene demonima i svi oni bili su iscjeljeni (Djela Apostolska 5:14-16).

U Djelima Apostolskim 8:5-8 mi nailazimo: „A Filip sišavši u grad samarijski propovjedaše im Hrista. A narod pažaše jednodušno na ono što govoraše Filip, slušajući i gledajući znake koje činjaše. Jer duhovi nečisti s velikom vikom izlažahu iz mnogih u kojima behu, i mnogi uzeti i hromi ozdraviše. I bi velika radost u gradu onom."

U Djelima Apostolskim 14:8-12 mi čitamo o čovjeku koji je bio sakat u nogama, koji je bio sakat od rođenja i koji nikada nije hodao. Nakon što je slušao Pavlovu poruku i počeo da posjeduje vjeru sa kojom je on mogao da dobije spasenje, kada mu je Pavle zapovjedio: „Ustani na svoje noge!" (stih 10) čovjek je poskočio i počeo je da hoda. Oni koji su svjedočili ovom događaju su tvrdili da je: „Bog došao dole u nama u ljudskom obliku!" (stih 11)

U Djelima Apostolskim 19:11-12 mi vidimo da: „Bog je činio izvanredna čuda sa rukama Pavla, tako da kad bi se maramice ili kecelje sa njegovog tijela samo donele do bolesnih, bolesti su ih napuštale i zli duhovi bi izašli napolje." Koliko je zadivljujuća i prelijepa moć Božja?

Kroz ljude čija su srca dostigla posvećenje i ispunila ljubav kao što su Petar, Pavle i đakoni Filip i Stefan, moć Božja je takođe i danas manifestvovana. Kada su ljudi dolazili pred Boga sa vjerom sa željom da njihovi najbliži budu iscjeljeni, oni su mogli da budu iscjeljeni sa dobijanjem moilitve od Božjih sluga preko kojih je On djelovao.

Od osnivanja Manmin, živi Bog mi je dozvolio da manifestujem različite znakove i čuda, da posadim vjeru u srcima članova i da izvedem velika oživljavanja.

Postojala je jednom žena koja je bila predmet zlostavljana od strane svoga muža koji je bio alkoholičar. Kada su njeni optički nervi postali paralizovani i kada su doktori odustali od nade nakon učestalog fizičkog zlostavljanja, žena je došla u Manmin nakon što je čula vijesti o tome. Kako je ona revnosno učestvovala u službama bogosluženja i iskreno se molila za iscjeljenje, ona je primila moju molitvu i ponovo je mogla da vidi. Moć Božja je u potpunosti oporavila optičke nerve koji su se činili u jednom momentu da su potpuno izgubljeni.

U drugoj prigodi, postojao je čovjek koji je patio od teške povrede leđa jer mu je kičma bila polomljena na osam mjesta. Kako je niži dio njegovog djela tijela postajao paralizovan, on je bio na ivici da njegove obe noge budu amputirane. Nakon što je prihvatio Isusa Hrista, on je mogao da izbjegne amputaciju ali je i dalje morao da se oslanja na štake. On je onda počeo da dolazi na službe Manmin molitvenog centra i malo kasnije za vrijeme cijelonoćne službe petkom, nakon što je primio moju molitvu čovek je bacio njegove štake, počeo je da hoda na svoje dvije noge i još je postao i glasnik jevanđelja.

Moć Božja može u potpunosti da iscijeli bolesti medicinska nauka ne može da izleči. U Jevanđelju po Jovanu 16:23 Isus nam obećava: „I u onaj dan nećete me pitati nizašta. Zaista, zaista vam kažem da šta god uzištete u Oca u ime Moje, daće vam." Da vi vjerujete u nevjerovatnu moć Božju, da iskreno za njom žudite, da dobijete odgovore na sve vaše probleme vaših bolesti i da postanete glasnik koji prenosi Božje Novosti o živom i svemogućem Bogu, i ime našeg Gospoda ja se molim!

Poglavlje 6

Načini da se iscjele demonom posjedovani

Jevanđelje po Marku 9:28-29

I kad uđe u kuću, pitahu Ga učenici Njegovi nasamo: „Zašto ga mi nismo mogli istjerati?" I reče im: „Ovaj se rod ničim ne može istjerati do molitvom i postom."

U poslednjim danima ljubav se hladi

Napredak moderne naučne civilizacije i razvoj industrije je dovelo do materijalnog napretka i dozvolilo je ljudima da više teže ka ugodnostima i koristi. U isto vrijeme, ova dva faktora su rezultirala otuđenost, preveliku sebičnost, izdaje i kompleks inferiornosti između ljudima, kako ljubav slabi dok razumijevanje i oproštaj je teško naći.

Kao što je u Jevanđelju po Mateju 24:12 predskazano: „I što će se bezakonje umnožiti, ohladneće ljubav mnogih" u vremenu kada šteta raste a ljubav se postepeno hladi, jedan od najvažnijih problema u našem društvu danas je veliki broj ljudi koji pate od takvih mentalnih poremećaja kao što je nervni slom i šizofrenija.

Mentalne institucije odvajaju mnoge pacijente koji nisu sposobni da vode normalne živote a nisu našli još uvijek prikladno izlječenje. Ako ni jedan napredak nije napravljen i poslije mnogo godišnjih tretmana, porodice postaju svjesne i u mnogim slučajevima ignorišu ili napuštaju pacijente kao da su siročad. Ovi pacijenti, koji žive daleko i bez svojih porodica, nisu sposobni da funkcionišu na način na koji to normalni ljudi rade.

Iako njima samima je potrebna iskrena ljubav njihovih najbližih, ne pokazuju mnogi ljudi svoju ljubav prema takvim pojedincima. Mi nailazimo u Bibliji na mnogo slučajeva u kojima je Isus iscjelio ljude koji su opsednuti demonima. Zašto su oni zapisani u Svetom Pismu? Kako se kraj doba približava, ljubav postaje hladnija i Sotona muči ljude, uzrokuje im da pate od mentalnog poremećaja, i usvaja ih kao đavolju djecu. Sotona muči, gadi, zbunjuje i zaražuje sa grijehom i zlobom misli ljudi. Zato što je društvo preplavljeno grijehom i zlobom, ljudi brzo postaju ljuti, svađaju se, mrze i ubijaju jedni druge. Kako se poslednji dani doba približavaju, hrišćani moraju da mogu da razaznaju istinu od neistine, da zaštite njihovu vjeru i da vode zdrav život fizički i psihički.

Hajde da ispitamo uzrok Sotoninog podsticanja i mučenja, kao i veliki broj ljudi koje opsjeda Sotona i demoni i patnju zbog mentalnog poremećaja u našem modernom društvu u kojem je naučna civilizacija veoma napredovala.

Proces da postanete opsjednut Sotonom

Svako ima savjest i većina ljudi se ponaša i živi u skladu sa njihovom savjesti, ali mjera savjesti svakog pojedinca i rezultati koji slijede se razlikuju od osobe do osobe. Ovo je zato što svaka je osoba rođena i odrasla je u različitom okruženju i uslovima, vidjela je, čula i naučila različite stvari od roditelja, kuće i škole i registrovala je različite informacije.

Sa jedne strane, Riječ Božja, što je istina, govori nam: „Ne daj se zlu nadvladati, nego nadvladaj zlo dobrim" (Poslanica Rimljanima 12:21) i naređuje nam: „Ne branite oda zla, nego ako te ko udari po desnom tvom obrazu, obrni mu i drugi" (Jevanđelje po Mateju 5:39). Pošto Riječ uči o ljubavi i oproštaju, mjera osude: „Gubljenje je dobijanje" se razvija u onima koji u to vjeruju. Sa druge strane, ako je neko naučio da treba da uzvrati ako ga je neko udario, on će dostignuti osudu koja se odnosi na to da je opiranje hrabro djelo dok je izbjegavanje bez opiranja kukavičluk. Tri faktora-mjera osude svakog pojedinca, bilo da je on živio pravedan ili nepravedan život i koliko se on kompromitovao sa svijetom- će oblikovati različitu savjest u različitim ljudima.

Zato što su ljudi živjeli različito i njihova savjest je prema tome različita, Božji neprijatelj Sotona koristi ovo da bi uhvatio ljude da žive u griješnoj prirodi, suprotno pravednosti i dobroti, miješa zle misli i podstiče ih na grijeh.

U ljudskim srcima postoji konflikt između želje Svetog Duha sa kojom oni žive po zakonu Božjem i želje za griješnom prirodom sa kojom ljudi prinuđeni da slijede tjelesne želje. Zbog toga nam Bog naređuje u Poslanici Galaćanima 5:16-17: „Velim pak, po duhu hodite, i želja tjelesnih ne izvršujte. Jer tijelo želi protiv duha, a duh protiv tijela; a ovo se protivi jedno drugom, da ne činite ono šta hoćete."

Ako mi živimo po željama Svetog Duha mi ćemo naslijediti kraljevstvo Božje; ako pratimo želje griješne prirode i ne živimo po Riječi Božjoj, mi nećemo naslijediti Njegovo kraljevstvo. Zbog toga nas Bog upozorava kao što slijedi u Poslanici Galaćanima 5:19-21:

A poznata su djela mesa, koja su: preljubočinstvo, kurvarstvo, nečistota, besramnost, idolopoklonstvo, čaranja, neprijateljstva, svađe, pakosti, srdnje, prkosi, raspre, sablazni, jeresi, zavisti, ubistva, pijanstva, žderanja, i ostala ovakva za koja vam naprijed kazujem kao što i kazah naprijed, da oni koji tako čine neće naslijediti carstvo Božje.

Kako, onda ljudi postaju opsednuti demonima?

Kroz nečije misli, Sotona izaziva griješnu prirodu u pojedincu čije je srce ispunjeno griješnom prirodom. Ako on nije u mogućnosti da kontroliše njegove misli i čini djela griješne prirode, osjećaj krivice se nastanjuje i njegovo srce će narasti u još veću zlobu. Kada se takva djela griješne prirode saberu, na kraju će osoba biti u nemogućnosti da sebe kontroliše i umjesto toga će uraditi sve što ga Sotona podstakne. Za takvog pojedinca se kaže da je „opsjednut" Sotonom.

Na primjer, pretpostavimo da postoji lenj čovjek koji ne voli da radi već radije voli da pije i da uzaludno troši vrijeme. Takvog pojedinca Sotona će podstaknuti i kontrolisaće njegove misli tako da će on završiti tako što će da pije i da uzaludno troši vrijeme misleći da je rad nepotreban. Sotona će ga takođe udaljiti od dobrote što je istina, zarobiće njegovu energiju i razvijaće njegov život i pretvoriće ga u nesposobnog i beskorisnog čovjeka.

Kako on živi i ponaša se u skladu sa mislima Sotone, on će biti nesposoban da pobjegne od Sotone. Šta više, kako njegovo srce raste još više zlobnije i kako je sebe predao zlim mislima, umjesto da kontroliše njegovo srce on će uraditi bilo šta što mu odgovara.

Ako želi da se naljuti, on će se naljutiti iz zadovoljstva; ako hoće da se bije ili da se raspravlja, on će se tući ili svađati onoliko koliko želi; i ako želi da pije on neće biti sposoban da sebe zaštiti od pijenja. Kada se ovo nagomila, od određene tačke pa na dalje on neće biti više sposoban da kontroliše svoje mili i srce i naići će na to da su sve stvari protiv njegove volje. Posle ovog procesa, on postaje opsjednut demonima.

Uzrok opsjednutih demonima

Postoje dva glavna izvora jedan je biti podstaknut Sotonom a kasnije opsjednut demonima.

1. Roditelji

Ako su roditelji napustili Boga, služili idolima koje Bog prezire i smatra odvratnim, ili urade nešto nevjerovatno zlobno, onda će se sile zlih duhova uvući u njihovu djecu i ako ostanu takvi neprovjereni, oni će postati opsjednuti demonima. U takvim slučajevima, roditelji moraju da dođu pred Boga, iskreno se pokaju od njihovih grijehova, okrenu se od svoje griješne prirode i mole se Bogu u ime svoje djece. Bog će onda vidjeti centar roditeljskog srca i manifestvovaće djela isceljenja i pomoću toga otpustiće lance nepravde.

2. Mi sami

Bez obzira na grijehove roditelja, jedan može biti opsjednut demonima zbog svoje sopstvene neistine, uključujući zlo, ponos i ostalo. Pošto pojedinac ne može da se moli i da se sam pokaje, kada on primi molitvu od sluge Božjeg koji manifestuje moć, lanci nepravde mogu biti oslobođeni. Kada su demoni otjerani i kada on počne da osjeća, on treba da uči Riječ Božju kako bi njegovo srce koje je jednom bilo nakvašeno grijehom moglo da se isuši i postane srce istine.

Prema tome, ako je neko od članova porodice opsjednut demonom, porodica mora da odredi pojedinca koji će se moliti za dobro tog pojedinca. Ovo je zato što su srce i misli osobe opsjednute demonima kontrolisane od strane demona i on nije u mogućnosti da radi nešto u skladu sa svojom voljom. On niti može da se moli niti da sluša Riječ istine; on prema tome ne može da živi u istini. Prema tome, cijela porodica ili samo jedna osoba iz porodice mora da se moli za njega u ljubavi i saosjećanju kako bi član porodice opsednut demonom sada mogao da živi u vjeri. Kada Bog vidi požrtvovanost i ljubav te porodice, On će otkriti djela iscjeljenja. Isus nam govori da volimo naše bližnje kao same sebe (Jevanđelje po Luki 10:27). Ako mi nismo u mogućnosti da se molimo i da se žrtvujemo za člana naše porodice koji je opsjednut demonima, kako mi možemo da volimo naše bližnje?

Kada porodica ili prijatelji onog ko je opsjednut demonima utvrde uzrok, pokaju se, mole u vjeri za Božjom moći, posvete se u ljubavi, posade sjeme vjere, onda će sile zla biti izbačene i njihovi voljeni će se pretvoriti u čovjeka u istini, koga će Bog štititi i zaštititi protiv demona.

Način da se iscjele opsjednuti demonima

U mnogim djelovima u Bibliji postoje događaji u iscjeljenju ljudi opsjednutim demonima. Dozvolite nam da razmotrimo kako su oni dobili iscjeljenje.

1. Vi morate da odbacite snagu demona.

U Jevanđelju po Marku 5:1-20 mi nailazimo na čovjeka koji je bio opsjednut nečistim duhom. Stih 3-4 objašnjava o čovjeku, govoreći: „Koji življaše u grobovima i niko ga ne mogaše svezati ni verigama. Jer je mnogo puta bio metnut u puta i u verige, pa je iskidao verige i puta izlomio; i niko ga ne mogaše ukrotiti." Mi takođe učimo iz jevanđelja po Marku 5:5-7 koji kaže: „I jednako dan i noć bavljaše se u grobovima i u gorama vičući i bijući se kamenjem. A kad vide Isusa iz daleka, poteče i pokloni Mu se; i povikavši glasno reče: 'Šta je Tebi do mene, Isuse Sine Boga Višnjeg? Zaklinjem Te Bogom, ne muči me!'"

To je bio odgovor na ono što je Isus zapovjedio: „Izlazi iz ovog čovjeka, ti nečisti duše!" (stih 8) Ova scena nam govori da ljudi iako nisu znali da je Isus Sin Božji, nečisti duh je precizno znao ko je Isus bio i koju vrstu moći je On imao.

Isus je onda pitao: „Kako ti je ime?" a demonom opsjednut čovjek je odgovorio: „Legeon, jer mnogi đavoli behu ušli u nj" (stih 9). On je takođe preklinjao Isusa ponovo i ponovo da ih ne šalje iz oblasti i onda je Njega preklinjao da ih šalje među svinjama. Isus nije pitao za ime zato što ga nije znao, On je pitao za ime kao sudija u saslušanju nečistog duha. Šta više, „Legeon" znači veliki broj demona koji su držali čovjeka zarobljenim.

Isus je dozvolio „Legeonu" da uđu među čopor svinja, koji su srušili nasip prema jezeru i podavili se. Kada mi izbacimo demone, mi to moramo da uradimo sa Riječju istine, koja je simbolizovana vodom. Kada su ljudi vidjeli čovjeka koga ljudi nisu mogli da uzdrže sa ljudskom moći, potpuno iscjeljenog, kako sjedi tamo, obučenog i pri zdravoj pameti, oni su počeli da se plaše.

Kako mi danas možemo da istjeramo demone? Oni bi trebali da budu istjerani sa imenom Isusa Hrista kroz vodu, što simbolizuje Riječ, ili vatru, što simbolizuje Svetog Duha, kako bi njihova moć bila izgubljena. Ipak, pošto su demoni duhovna bića, oni će biti istjerani kada se osoba koja ima moć da istjera demone moli za njih. Kada pojedinac bez vjere pokuša da ih istjera, demoni će ga zauzvrat omalovažiti ili mu se podsmijevati. Prema tome, kako bi iscjelili nekoga ko je opsjednut demonima, Božji čovjek sa moći da ih istjera mora da se moli za njega.

Međutim, obično demoni neće biti istjerani kada ih Božji

čovjek istjera u ime Isusa Hrista. To je zato što je pojedinac opsednut demonima ili hulio ili pričao protiv Svetog Duha (Jevanđelje po Mateju 12:31; Jevanđelje pšo Luki 12:10). Iscjeljenje ne može biti manifestvovano na nekim ljudima opsjednutim demonima kada promišljeno nastavljaju da griješe nakon što su dobili znanje istine (Poslanica Jevrejima 10:26).

Šta više, u Poslanici Jevrejima 6:4-6 nailazimo: „Jer nije moguće one koji su jednom prosvetljeni, okusili dar nebeski, postali zajedničari Duha Svetog, i okusili dobru riječ Božju, i silu onog svijeta, i otpali, opet obnoviti na pokajanje, jer sami sebi nanovo raspinju i ruže Sina Božjeg."

Sada kada smo naučili o ovome, mi moramo da zaštitimo sebe kako mi nikada ne bi počinili grijehove zbog kojih ne možemo dobiti oproštaje. Mi moramo takođe da se istaknemo i istini bilo da neko opsjednut demonima ili ne može biti iscjeljen molitvama.

2. Naoružajte sebe istinom

Jednom kada su demoni iz njih izbačeni, ljudi moraju da

ispune svoja srca sa životom i istinom revnosnim čitanjem Riječi Božje, slavom i molitvama. Čak iako su demoni izbačeni, ako ljudi nastave da žive u grijehu a nisu se naoružali sa istinom, izbačeni demoni će se vratiti i ovaj put, oni će biti praćeni demonima koji su mnogo slabiji. Zapamtite da će stanje ljudi biti mnogo gore nego kada su prvi put demoni ušli u njih.

U Jevanđelju po Mateju 12:43-45, Isus nam govori sljedeće:

A kad nečisti duh iziđe iz čovjeka, ide kroz bezvodna mjesta tražeći pokoja, i ne nađe ga. Onda reče: „Da se vratim u dom svoj otkuda sam izišao"; i došavši nađe prazan, pometen i ukrašen. Tada otide i uzme sedam drugih duhova gorih od sebe, i ušavši žive onde; i bude potonje gore čovjeku onom od prvog. Tako će biti i ovome rodu zlome.

Demone ne treba izbacivati nepažljivo. Šta više, nakon što su demoni izbačeni, prijatelji i porodica onoga koji je bio opsjednut demonima treba da razumiju da ta osoba sada zahtjeva brigu sa većom ljubavlju nego ranije. Oni moraju da paze na njega u požrtvovanju i žrtvi i da ga zagrle sa istinom sve dok u potpunosti ne dobije iscjeljenje.

Sve je moguće za njega koji vjeruje

U Jevanđelju po Marku 9:17-27 je događaj Isusovog iscjeljenja sina opsjednutog duhom koji mu je zarobio govor i koji je patio od epilepsije nakon što je vidio vjeru svoga oca. Hajde da detaljno objasnimo kako je sin dobio iscjeljenje.

1. Porodica mora da pokaže njihovu vjeru.

Sin u Jevanđelju po Marku 9 bio je mutav i gluv od djetinjstva zbog opsjednutosti demonom. On nije mogao da razumije riječ i bilo je nemoguće da se sa njim komunicira. Šta više, bilo je teško da se razazna kada i gdje će se javiti simptomi epilepsije. Njegov otac, prema tome, je uvijek živio u strahu i agoniji, i sa svim izgubljenim nadama u životu.

Onda je otac čuo za čovjeka iz Galileje koji je manifestovao čuda u oživljavanju mrtvih i liječenju različitih vrsta bolesti. Tračak nade počeo je da budi čovjekov očaj. Da su vijesti bile tačne, otac je vjerovao, ovaj čovjek iz Galileje može takođe da iscijeli njegovog sina. U tako velikoj sreći, čovjek je doveo sina ispred Isusa i Njemu rekao: „I mnogo puta baca ga u vatru i u vodu da ga pogubi; nego ako šta možeš pomozi nam, smiluj se na nas!" (Jevanđelje po Marku 9:22)

Nakon što je čuo očev iskreni zahtjev, Isus je rekao: „'Ako možeš?' Sve je moguće onome koji vjeruje," (stih 23) i prekorio je oca zbog njegove male vjere. Otac je čuo novosti ali nije vjerovao u srcu. Da je otac bio svjestan da je Isus bio kao Sin Božji svemoguć i sama istina, on ne bi rekao: „Ako." Kako bi naučio nas da je nemoguće udovoljiti Bogu bez vjere i da je nemoguće da se dobiju odgovori bez potpune vjere sa kojom jedan može da vjeruje, Isus je rekao: „Ako možeš?" kao što je prekorio oca zbog njegove „male vjere."

Vjera u osnovi može biti podjeljena u dvije vrste. Sa „vjerom mesa" ili „vjerom kao znanje," jedan može da vjeruje u ono što je vidio. Vrsta vjere sa kojom jedan može da vjeruje bez da vidi je „duhovna vjera," iskrena vjera, „živa vjera," ili „vjera praćena djelima." Ova vrsta vjere može da stvori nešto iz ničega. Definicija „vjere" u skladu sa Biblijom je: „Vjera je, pak, tvrdo čekanje onog čemu se nadamo, i dokazivanje onog što ne vidimo" (Poslanica Jevrejima 11:1).

Kada ljudi pate od bolesti izlječive od strane čovjeka, oni mogu biti izliječeni kako je njihova bolest spaljena vatrom Svetog Duha kada oni pokažu svoju vjeru i kada su ispunjeni Svetim Duhom. Ako početnik u životu vjere postane bolestan, on može biti iscjeljen kada otvori svoje srce, sluša Riječ i pokaže svoju vjeru. Ako stariji hrišćanin sa vjerom postane bolestan, on može biti iscjeljen kada se okrene od svojih puteva u pokajanju.

Kada ljudi pate od bolesti koje ne mogu biti izliječene medicinskom naukom, oni moraju da pokažu svoju vjeru koja je u skladu sa time veća. Ako stariji hrišćanin sa vjerom postane bolestan, on može biti iscjeljen kada otvori svoje srce, pokaje se razorenog srca i ponudi iskrenu molitvu. Ako neko sa malo vjere ili bez vjere postane bolestan, on neće biti iscjeljen sve dok mu nije data vjera u skladu sa rastom njegove vjere, djela iscjeljenja će biti manifestovana.

Oni koji su psihički nesposobni, čija su tijela deformisana i nasledne bolesti mogu biti iscjeljeni Božjim čudima. Prema tome, oni moraju da pokažu predanost Bogu i vjeru sa kojom mogu da vole i Njemu ugode. Samo onda će Bog prepoznati njihovu vjeru i manifestvovaće iscjeljenje. Kada ljudi pokažu njihovu vatrenu vjeru prema Bogu – način na koji je Vartimej iskreno dozivao Isusa (Jevanđelje po Marku 10:46-52), način na koji je kapetan pokazao Isusu njegovu veliku vjeru (Jevanđelje po Mateju 8:5-13), i način na koji je paralizovan čovjek pokazao njegovu vjeru i predanost (Jevanđelje po Marku 2:3-12) – Bog će im dati iscjeljenje.

Slično tome pošto ljudi koji su opsjednuti demonom ne mogu biti iscjeljeni bez djela Božjeg i ne mogu da pokažu svoju vjeru, kako bi donijeli dole iscjeljenje sa neba, ostali članovi njihove porodice moraju da vjeruju u svemogućeg Boga i da dođu ispred Njega.

2. Ljudi moraju da pokažu vjeru sa kojom mogu da vjeruju.

Otac sina koji je bio opsjednut demonima u početku je bio prekoravan od Isusa zbog svoje male vjere. Kada je Isus rekao sa sigurnošću: „Sve je moguće ako vjeruješ" čovjeku, očeve usne dale su iskreno priznanje: „Ja vjerujem." Međutim, njegovo vjerovanje bilo je ograničeno u znanju. Zbog toga je otac preklinjao Isusa: „[Pomozi] mom nevjerju!" (Jevanđelje po

Marku 9:24) Nakon što je čuo krivicu od oca, čije je iskreno srce, iskrenu molitvu i vjeru Isusa znao, On je dao ocu vjeru sa kojom je on sada mogao da vjeruje.

Po istom principu, dozivanjem Boga mi možemo da dobijemo vjeru sa kojom mi možemo da vjerujemo i sa ovom vrstom vjere, mi ćemo postati podobni da dobijemo odgovore na naše probleme, „nemoguće" će postati „moguće."

Jednom otac je počeo da posjeduje vjeru sa kojom je mogao da vjeruje, kada je Isus naredio: „Duše nemi i gluvi! Ja ti zapovijedam, izađi iz njega i više ne ulazi u njega," zli duh je napustio sina sa vriskom (Jevanđelje po Marku 9:25-27). Kako su očeve usne preklinjale za vjerom sa kojom bi mogao da vjeruje i željele su Božju intervenciju – čak i nakon što ga je Isus prekorio- Isus je manifestvovao nevjerovatno djelo iscjeljenja.

Isus je čak i odgovorio i dao je potpuno iscjeljenje očevom sinu koji je bio opsjednut duhom koji ga je zarobio u govoru, i koji je patio od epilepsije da je često padao, penio je na ustima, škrgutao zubima i postajala su mu ukočena. Onda, onima koji vjeruju u moć Božju sa kojom je sve moguće i koji žive po Riječi Božjoj, zar neće On dozvoliti da sve ide dobro i da ih vodi da žive zdrav život?

Uskoro nakon otvaranja Manmina, mladi čovjek iz provincije Gang-von (Gang-won) posjetio je crkvu nakon što je čuo vijesti o tome. Mladi čovjek je mislio da je odano služio Bogu kao učitelj nedjeljne škole i kao član hora. Međutim, zbog toga što je bio veoma ponosan i nije odbacio zlo u njegovom srcu već je umjesto toga skupljao grijeh, mladi čovjek je patio nakon što je demon ušao u njegovo nečisto srce i počeo je tamo da boravi. Djelo izlječenja se manifestoovalo u iskrenoj molitvi i predanosti njegovog oca. Nakon otkrivanja identiteta demona i njegovog izbacivanja sa molitvom, mladić je penio na ustima, okrenuo se na leđa i odavao je užasan miris. Nakon ovog događaja, mladićev život se obnovio i on je sebe naoružao sa istinom u Manminu. Danas, on predano služi njegovoj crkvi nazad u Gang-vonu i daje slavu Bogu tako što dijeli milost u svjedočenju njegovog iscjeljenja brojnim ljudima.

Da vi počnete da razumijete da je namjena Božjeg djela neograničena i da je sve moguće sa njom, tako da vi kada težite u molitvama vi ćete postati ne samo blagosloveno dijete Božje već i Njegov voljeni svetac čije će stvari sve ići na bolje u svim vremenima, u ime Gospoda ja se molim!

Poglavlje 7

Vjera i poslušnost leproznog Nemana

2. Knjiga kraljevima 5:9-10; 14

I tako dođe Neman s konjima i kolima svojim, i stade na vratima doma Jelisijeva. A Jelisije posla k njemu i poruči: „Idi i okupaj se sedam puta u Jordanu, i ozdraviće tijelo tvoje, i očistićeš se." I tako siđe, i zaroni u Jordan sedam puta po riječima čovjeka Božjeg, i tijelo njegovo posta kao u malog djeteta, i očisti se.

Leprozni general Neman

Za vreme našeg života, mi se suočavamo sa problemima velikim i malim. Ponekad mi se suočavamo sa problemima koje su van ljudskih mogućnosti.

U zemlji zvanoj Aram, postojao je komandant vojske nazvan Neman. On je vodio vojsku Arama do pobjede u najkritičnijem času zemlje. Neman je volio svoju zemlju i odano je služio svome kralju. Čak iako je kralj visoko poštovao Nemana, general je bio u patnji zbog tajne koju niko drugi nije znao.

Koji je bio uzrok njegove patnje? Neman je bio u agoniji ne zato što mu je nedostajalo bogatstvo i slava. Neman se osjećao bolesno i nije našao nikakvu sreću u životu zato što je imao lepru, neizlječivu bolest koju medicina tog vremena nije mogla da izliječi.

Za vrijeme Nemanovog vremena, ljudi su patili od lepre i bili su smatrani nečistim. Oni su bili prisiljavani da žive u izolaciji van gradskih ograničenja. Nemanova patnja nepodnošljiva zato što su uporedo sa bolešću postojali i drugi problemi koji su pratili bolest. Simptomi lepre, uključujući tačke na tijelu, naročito na nečijem licu, spolja na rukama i nogama, na gornjem dijelu njegovog stopala takođe i pogoršanje u osjećajima. U nekoliko slučajeva, nokti na prstima i na nogama su otpadali i ukupan nečiji izgled bi se drastično promijenio.

Onda, jednog dana, Neman koji je bio pogođen neizlječivom bolešću i bez nade da nađe radost u životu čuo je dobre vijesti. Po zarobljenoj djevojci iz Izraela koja je služila njegovoj ženi, postojao je prorok u Samariji koji bi izliječio Nemana od njegove lepre. Pošto nije postojalo ništa što Neman ne bi uradio da dobije iscjeljenje, Neman je rekao njegovom kralju o njegovoj bolesti i o tome šta je čuo od njegove služavke. Nakon što je čuo da će njegov odan general biti iscijeljen od lepre ako ode ispred proroka Samarije, kralj je brzo pomogao Nemanu i čak je i napisao pismo kralju Izraela za Nemanovo dobro.

Neman je otišao i Izrael sa deset talanata srebra i šest hiljada sikala zlata i deset kompleta odjeće i kraljevim pismom, u kojem čitamo: „Eto, kad ti dođe ova knjiga, znaj da šaljem k tebi Nemana, slugu svog, da ga oprostiš gube" (stih 6). U to vrijeme, Aram je bila jača nacija od Izraela. Nakon što je pročitao pismo od kralja Arama, kralj Izraela je pocijepao svoje haljine i rekao je: „Jesam li ja Bog? Zašto mi ovaj šalje nekoga da mi bude izliječen od lepre? Vidi kako pokušava da započne raspravu samnom!"

(stih 7)

Kada je Izraelski prorok Ilija čuo ove novosti,on je došao ispred kralja i rekao: „Zašto si razdro haljine svoje? Neka dođe k meni, da pozna da ima prorok u Izrailju" (stih 8). Kada je Izraelski kralj poslao Nemana u Ilijevu kuću, prorok se nije sreo sa generalom već je samo rekao preko glasnika: „Idi i okupaj se sedam puta u Jordanu, i ozdraviće tijelo tvoje, i očistićeš se" (stih 10).

Kako je čudno bilo Nemanu, koji je otišao sa svojim konjima i kočijama do Ilijeve kuće samo da bi našao proroka a niti je dobio dobrodošlicu niti se sreo sa njim? General je postao ljut. On je mislio da ako komandat vojske zemlje jače od Izraela dođe u posetu, prorok će ga srdačno dočekati i položiti njegove ruke na njega. Umjesto toga, Neman je dobio hladan doček od proroka i rečeno mu je da opere sebe u rijeci koja je bila manja i prljava od rijeke Jordan.

U besu Neman je mislio na putu prema kući, govoreći: „Gle! Ja mišljah, on će izaći k meni, i staće, i prizvaće ime GOSPODA Boga svog, i metnuti ruku svoju na mjesto, i očistiti gubu.' Nisu li Avana i Farfar vode u Damasku bolje od svih voda izrailjskih? Ne bih li se mogao u njima okupati i očistiti?" (stih 11-12) Kako je Neman pripremao svoj put ka kući, Nemanove sluge su se bunile sa njim. „Oče, da ti je kazao prorok šta veliko, ne bi li učinio? A zašto ne bi kad ti reče: ‚Okupaj se, pa ćeš se očistiti?'" (stih 13) Oni su naređivali svom gospodaru da se povinuje Ilijevim instrukcijama.

Šta se dogodilo kada se Neman umočio u reci Jordan sedam puta, kao što mu je Ilija dao instrukcije? Njegovo tijelo postalo je čisto kao kod mladog čovjeka. Lepra koja je Nemanu zadavalo toliko mnogo agonije je bila potpuno iscjeljena. Kada je neizlječiva bolest od strane čovjeka bila potpuno iscjeljena Nemanovim povinovanjem prema Božjem čovjeku, general je došao počeo da prepoznaje živog Boga i Iliju, Božjeg čovjeka.

Nakon što je iskusio moć živog Boga-Boga Iscjelitelja leproznih- Neman se vratio kod Ilije i priznao: „Tada se vrati k čovjeku Božjem sa pratnjom svojom i došao stade pred njim, i reče: „Evo sad vidim da nema Boga nigdje na zemlji do u Izrailju; nego uzmi dar od sluge svog." Ali on reče: „Tako da je živ Gospod, pred kojim stojim, neću uzeti." I on navaljivaše na nj da uzme; ali on ne hte. Tada reče Neman: Kad nećeš, a ono neka se da sluzi tvom ove zemlje koliko mogu ponijeti dvije mazge, jer sluga tvoj neće više prinositi žrtava paljenica ni drugih žrtava drugim bogovima, nego GOSPODU" i dao je slavu Bogu (2. Knjiga Kraljevima 5:15-17).

Nemanova vjera i djela

Hajde sada da razmotrimo i Nemanova djela, koji je sreo Gospoda Iscjelitelja i bio je izliječen od neizlječive bolesti.

1. Nemanova dobra savjest

Neki ljudi spremno prihvataju i vjeruju u riječi drugih ljudi dok sa druge strane drugi imaju namjeru da bezuslovno sumnjaju i razuvere druge ljude. Zato što je Neman imao dobru savjest, on nije obraćao pažnju na riječi drugih ljudi već ih je ljubazno prihvatao. On je mogao da ide u Izrael, da se povinuje Ilijevim instrukcijama i da dobije iscjeljenje zato što on nije zanemarivao već je obratio pažnju i vjerovao je riječima mlade djevojke koja je služila njegovoj ženi. Kada je ova mlada djevojka zarobljena od Izraelaca rekla je njegovoj ženi: „O da bi moj gospodar otišao k proroku u Samariji! On bi ga oprostio od gube," (stih 5) Neman joj je povjerovao. Pretpostavimo da ste vi bili na Nemanovom mjestu. Šta bi vi uradili? Da li bi vi u potpunosti prihvatili njene riječi?

Uprkos napredovanju moderne medicine danas, postoje mnoge bolesti protiv kojih je medicina beskorisna. Ako bi vi rekli nekome da ste bili iscjeljeni od neizlječive bolesti od Boga ili da ste bili iscjeljeni nakon što ste primili molitvu, šta mislite koliko ljudi bi vam povjerovalo? Neman je vjerovao u riječi mlade djevojke, otišao je ispred kralja za dozvolu, otišao je u Izrael i dobio je iscjeljenje od njegove lepre. Drugim riječima, zato što je Neman imao dobru savjest, on je mogao da prihvati riječi mlade djevojke koja mu je propovjedala jevanđelja i ponašala se u skladu sa time. Mi takođe moramo da shvatimo da kada propovjedamo jevanđelje, mi možemo da dobijemo odgovore na naše probleme samo kada vjerujemo u propovjedanje i dođemo ispred Boga na način na koji je Neman to učinio.

2. Neman je slomio svoje misli

Kada je Neman otišao u Izrael uz pomoć njegovog kralja i došao do kuće Ilije, proroka koji je mogao da iscjeli lepru, on je dobio hladan prijem. On je postao jasno ljut, kada Ilija koji u očima nevjernog Nemana nije imao bogatstvo i socijalni status, nije dočekao odanog slugu kralja Arama, i reko Nemanu – kroz glasnike – da se opere u rijeci Jordan sedam puta. Neman je bio ljut zato što je bio poslat lično od kralja Arama. Šta više, Ilija čak nije ni položio njegove ruke na tačke već je umjesto toga rekao Nemanu da može biti pročišćen kada sebe opere u rijeci koja je bila manja i prljavija od reke Jordan.

Neman je postao ljut na Iliju i na djela proroka, koje on nije mogao da razumije sopstvenim razmišljanjem. On je pripremio sebe za put kući, misleći da postoje mnoge šire i čistije rijeke i da će biti očišćen ako se opere u bilo kojoj od njih. U tom momentu, Nemanove sluge su naredile svom gospodaru da se povinuje Ilijevim instrukcijama i da se pokvasi u rijeci Jordan.

Zato što je neman imao dobru savjest, general nije radio po sopstvenim mislima već je umjesto toga odlučio da se povinuje ilijevim instrukcijama i krenuo je ka Jordanu. Između ljudi socijalnog statusa odgovarajućeg onom nemanovom, koliko mnogo od njih bi se pokajalo i povinovalo naređenju svojih sluga ili drugih u manjim pozicijama od kojih su oni?

I mi nailazimo u Isaiji 55:8-9: „Jer misli moje nisu vaše misli, niti su vaši putevi moji putevi, veli GOSPOD. Nego koliko su nebesa više od zemlje, toliko su putevi moji viši od vaših puteva, i misli moje od vaših misli," kada mi držimo post po ljudskim mislima i teorijama, mi ne možemo da se povinujemo Riječi Božjom. Hajde da se podsjetimo na kraj kralja Saula koji se nije pokorio Bogu. Kada mi prisvojimo ljudske misli i ne povinujemo se volji Boga, ovo je djelo nepokoravanja, i ako ne uspijemo da priznamo našu neposlušnosti, mi moramo da se sjetimo da će Bog nas zaboraviti i odbiće nas na način na koji je kralj Saul bio napušten od Njega.

Mi čitamo u 1. Knjizi Samuelovoj 15:22-23: „Zar su mile GOSPODU žrtve paljenice i prinosi kao kad se sluša glas NJEGOV? Gle, poslušnost je bolja od žrtve i pokornost od pretiline ovnujske. Jer je neposlušnost kao grijeh od čaranja, i nepokornost kao sujeverstvo i idolopoklonstvo. Odbacio si riječ GOSPODNJU, zato je i On tebe odbacio da ne budeš više car." Neman je razmislio dva puta i odlučio je da uništi sopstvene misli i da prati instrukcije Ilije, Božjeg čovjeka.

Na isti princip, mi moramo da se sjetimo da samo kada odbacimo naše nepokorno srce i pretvorimo ga u pokorno u skladu sa voljom Božjom, mi možemo da ispunimo želje u našim srcima.

3. Neman se povinovao Riječima proroka

Prateći Ilijeve instrukcije, neman je sišao dole u rijeku Jordan i oprao je sebe. Postojale su mnoge druge rijeke koje su bili bistrije i čistije od Jordan, ali Ilijeve instrukcije da ide u rijeku Jordan imale su duhovno značenje. Rijeka Jordan simbolizuje spasenje, dok voda simbolizuje Riječ Božju koja pročišćuje ljude od grijehova i dozvoljava im da dostignu spasenje (Jevanđelje po Jovanu 4:14). Zbog toga je Ilija htio da Neman opere sebe u rijeci Jordan koja vodi do spasenja. Bez obzira koliko su šire i čistije druge rijeke mogle da budu, one ne vode ljude do spasenja i nemaju ništa zajedničko sa Bogom i prema tome u tim vodama Božja djela ne mogu da se otkrivaju.

Kao što nam Isus govori u Jevanđelju po Jovanu 3-5: „Zaista, zaista ti kažem: ako se ko nanovo ne rodi, ne može vidjeti carstvo Božje," tako što je oprao sebe u rijeci Jordan, put je bio otvoren da Neman dobije oproštaj od njegovih grijehova i spasenje i da sretne živog Boga.

Zašto je onda, Nemanu rečeno da se opere sedam puta? Broj 7 je kompletan broj koji simbolizuje savršenost. Dok mu je davao instrukcije da sebe opere sedam puta, Ilija je govorio generalu da dobije oproštaj od njegovih grijehova i da u potpunosti boravi u Riječi Božjoj. Samo onda volja Božja za koga je sve moguće će manifestovati djela isceljenja i izliječiće neizlječive bolesti.

Prema tome, mi učimo da je Neman dobio isceljenje od svoje lepre, protiv koje niti medicina niti čovek su bili beskorisni, zato što se povinovao prorokovoj riječi. U ovom Svetom Pismu planski nam se govori: „Jer je živa riječ Božja, i jaka, i oštrija od svakog mača oštrog s obe strane, i prolazi tja do rastavljanja i duše i duha, i zglavaka i mozga, i sudi mislima i pomislima srca. I nema tvari nepoznate pred Njime, nego je sve golo i otkriveno pred očima Onog kome govorimo" (Poslanica Jevrejima 4:12-13).

Neman je otišao ispred Boga kome je sve moguće, slomio je svoje misli, pokajao se i povinovao se Njegovoj volji. Kako je Neman kvasio sebe u rijeci Jordan sedam puta, Bog je vidio njegovu vjeru, izliječio ga je od lepre i Nemanovo tijelo bilo je obnovljeno i postao je čist kao mladi čovjek.

Pokazujući nam običan dokaz u kome je isceljenje lepre moguće samo sa Njegovom moći, Bog nam govori da svaka neizlječiva bolest može biti isceljena kada mi Njemu udovoljavamo sa našom vjerom koja je praćena djelima.

Neman daje slavu Bogu

Nakon što je Neman bio iscjeljen od njegove lepre, on se vratio kod Ilije i priznao je: „Evo sad vidim da nema Boga nigde na zemlji do u Izrailju...sluga tvoj neće više prinositi žrtava paljenica ni drugih žrtava drugim bogovima, nego GOSPODU," (2. Knjiga Kraljevima 5:15-17) i dao je slavu Bogu.

U Jevanđelju po Luki postoji scena u kojoj su ljudi sreli Isusa i bivali su iscjeljeni od lepre. Ipak, samo jedan od njih se vratio kod Isusa, hvaleći Gospoda jakim glasom i bacio je sebe pod Isusovim nogama i Njemu zahvaljivao. U stihu 17-18, Isus je pitao čovjeka: „Ne iscjeliše li se desetorica? Gde su dakle devetorica? Kako se među njima koji ne nađe da se vrati da zahvali Bogu, nego sam ovaj tuđin?" U sledećem stihu 19, On je onda rekao čovjeku: „Ustani, idi; vjera tvoja pomože ti." Ako mi prihvatimo moć Božju, mi moramo ne samo da dajemo slavu Bogu, da prihvatimo Isusa Hrista i da dobijemo spasenje, već takođe da živimo po Riječi Božjoj.

Neman je imao ovu vrstu vjere i dela sa kojima je mogao da izliječi lepru, neizlječivu bolest tog vremena. On je imao dobru savjest da vjeruje u riječi mlade djevojke koja je bila zarobljena.

On je imao tu vrstu vjere sa kojom je on pripremio dar da posjeti proroka. On je pokazao djela u pokoravanju čak iako se nisu instrukcije proroka Ilije poklapale sa njegovim mislima.

Neman, nejevrejin, jednom je patio od neizlječive bolesti ali kroz njegovu bolest on je sreo živog Boga i iskusio je djela iscjeljenja. Svako ko dođe ispred svemogućeg Boga i pokaže svoju vjeru i djela će dobiti odgovore na sve njegove probleme bez obzira koliko mnogu da budu teški.

Da vi posjedujete dragocijenu vjeru, pokažete tu vjeru u djelima, dobijete odgovore na sve vaše probleme u životu i postanete blagosloveni sveci koji daju slavu Bogu, u ime Gospoda ja se molim!

O autoru:
Dr. Džerok Li

Dr. Džerok Li je rođen u Muanu, Džeonam provinciji, Republika Koreja, 1943. god. U svojim dvadesetim, Dr. Li je patio od mnoštva neizlječivih bolesti sedam godina i iščekivao smrt bez nade za oporavak. Jednog dana u proljeće 1974. god, njegova sestra ga je odvela u crkvu i kad je kleknuo da se pomoli, Živi Bog ga je momentalno izliječio od svih bolesti.

Od tog trenutka Dr. Li je sreo Živog Boga kroz to divno iskustvo, on je volio Boga svim svojim srcem i iskrenošću, i 1978. god., je bio pozvan da bude sluga Božji. Molio se vatreno da može jasno da razumije volju Božju, u potpunosti je ispuni i posluša sve Riječi Božje. Godine1982. je osnovao Manmin centralnu crkvu u Seulu, Koreja, i bezbrojna djela Božja, uključujući čudesna isceljenja i čuda, se dešavaju u njegovoj crkvi.

U 1986. god. Dr. Li je zareden za pastora na godišnjem Zasedanju Isusove Sungkjul crkve Koreje, i četiri godine kasnije u 1990.god. njegove propovijedi su počele da se emituju u Australiji, Rusiji, na Filipinima i mnogim drugim zemljama, prijeko Radiodifuzne kompanije Daleki Istok, Azija radiodifuzne kompanije i Vašingtonskog hrišćanskog radio sistema.

Tri godine kasnije, 1993. god., Manmin centralna crkva je izabrana za jednu od „Svjetskih top 50 crkava" od strane magazina Hrišćanski svijet (Christian World) (SAD), a on je primio počasni doktorat bogoslovlja od Koledža hrišćanske vjere, Florida, SAD, i 1996.god. Doktorat iz Službe od Kingsvaj teološke bogoslovije, Ajova, USA.

Od 1993. god., dr. Li je uzeo vodstvo u svjetskoj misiji kroz mnogo inostranih pohoda u Sjedinjenim Američkim Državama, Tanzaniji, Argentini, Ugandi, Japanu, Pakistanu, Keniji, Filipinima, Hondurasu, Indiji, Rusiji, Njemačkj, Peruu, Demokratskj Republici Kongo, Izraelu i Estoniji. Godine 2002., on je bio nazvan „svjetskim pastorom" od strane glavnih hrišćanskih novina Koreje zbog njegovog rada u prijekomorskim Velikim Ujedinjenim Pohodima, a u 2009.god., je objavio da Isus Hrist jeste Mesija na pohodu koji je predvodio u Izraelu.

Od maja 2014.g., Manmin Centralna Crkva ima zajednicu od prijeko 120 000 članova. Postoji 10 000 domaćih i stranih ogranaka crkve širom planete, uključujući 54 domaćih ogranaka i do sad više od 129 misionara su opunomoćeni u 23 zemlje, uključujući Sjedinjene Države, Rusiju, Njemačku, Kanadu, Japan, Kinu, Francusku, Indiju, Keniju i mnoge druge.

Njegove Hrišćanski rubrike se pojavljuju u Hankok Ilbo, JongAng dnevniku, Dong-A Ilbo, Chosun Ilbo, Munhva Ilbo, Seul Šinmunu, Kjunghjang Šinmun, Korejski ekonomski dnevnik, Koreja glasnik, Šisa vijesti, i Hrišćanskoj štampi.

Do datuma ovog izdanja Dr. Li je napisao 88 knjige, uključujući bestselere: Probanje vječnog života prije smrti, Moj život, moja vjera I i II, Poruka sa krsta, Mjera vjere, Raj I i II, Pakao, i Moć Božja. Njegove knjige su prevedene na više od 76 jezika.

Dr. Li je trenutno na čelu mnogih misionarskih organizacija i udruženja uključujući: predsjedavajući, Ujedinjena sveta crkva Koreje; predsjednik, Nacionalne evangelističke novine, predsjednik, Manmin svijetska misija; osnivač; osnivač i predsednik odbora, Globalna hrišćanska mreža (GCN); osnivač i član odbora, Mreža svijetskih hrišćanskih lekara (WCDN); i osnivač i član odbora, Manmin internacionalna bogoslovija (MIS)

Druge značajne knjige istog autora

Raj I & II

Detaljna skica predivne životne okoline u kojoj rajski stanovnici uživaju i preljepi opisi različitih nivoa nebeskih kraljevstva.

Moj Život Moja Vjera I & II

Najmirisnija duhovna aroma izvučena iz života koji je cvjetao sa neuporedivom ljubavlju za Boga, u sred crnih talasa, hladnih okova i najdubljeg očaj.

Probanje Vječnog Života Prije Smrti

Zavjetni memoari Dr. Džeroka Lija, koji je rođen ponovo i spašen iz doline senke smrti, i koji vodi primjeren Hrišćanski život.

Mera Vjere

Kakvo mjesto stanovanja, kruna i nagrade su spremne za vas u raju? Ova knjiga obezbjeđuje mudrost i smjernice za vas da izmjerite vašu vjeru i gajite najbolju i

Pakao

Iskrena poruka cijelom čovječanstvu od Boga, koji ne želi da ijedna duša padne u dubine Pakla! Otkrićete nikad do sad otkriveni iskaz o okrutnoj stvarnosti Nižeg Hada i Pakla.

www.urimbooks.com

www.ingramcontent.com/pod-product-compliance
Lightning Source LLC
LaVergne TN
LVHW052048070526
838201LV00086B/5071